내가 먹지 않는
이유는요

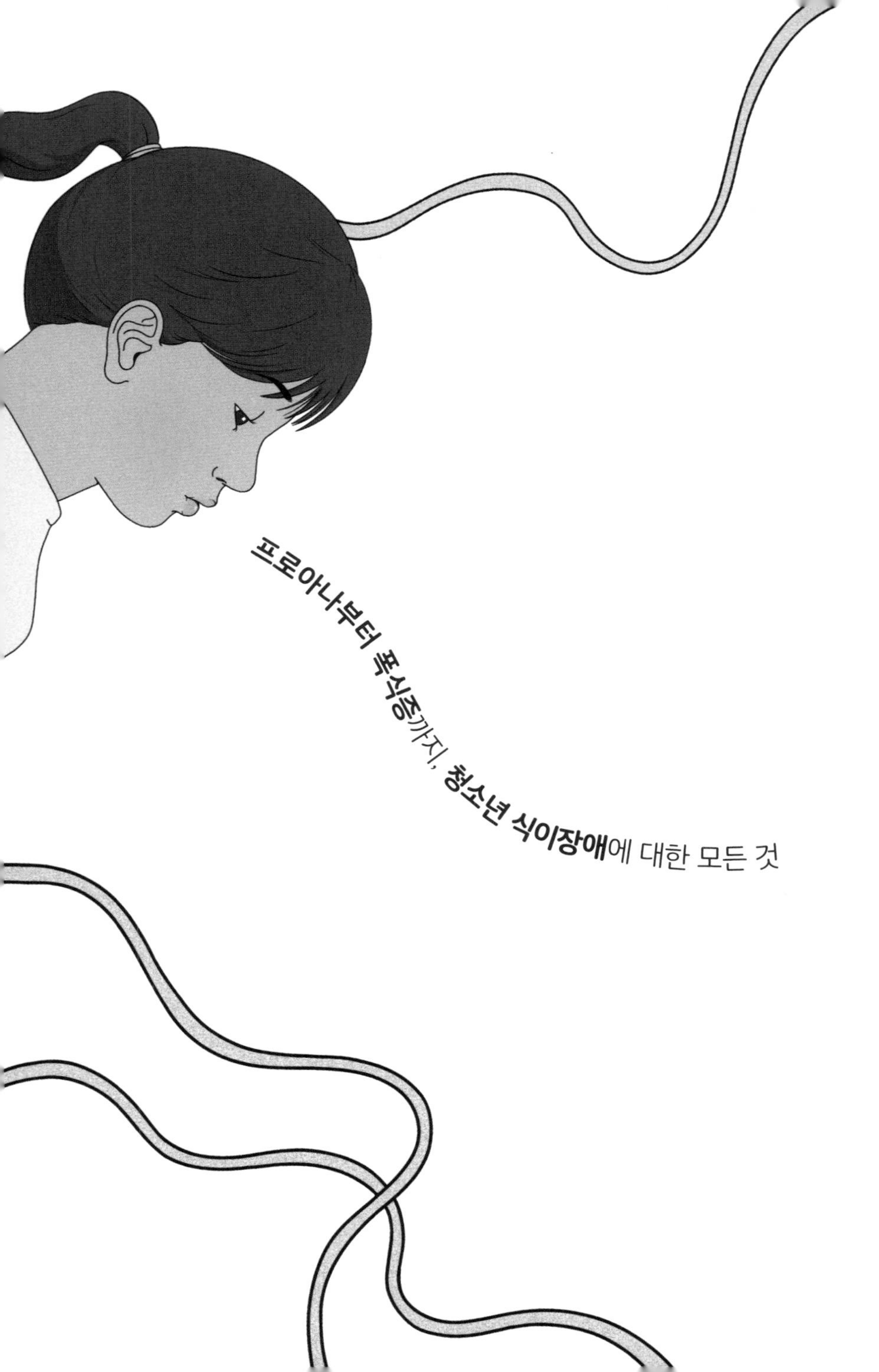
프로아나부터 폭식증까지, 청소년 식이장애에 대한 모든 것

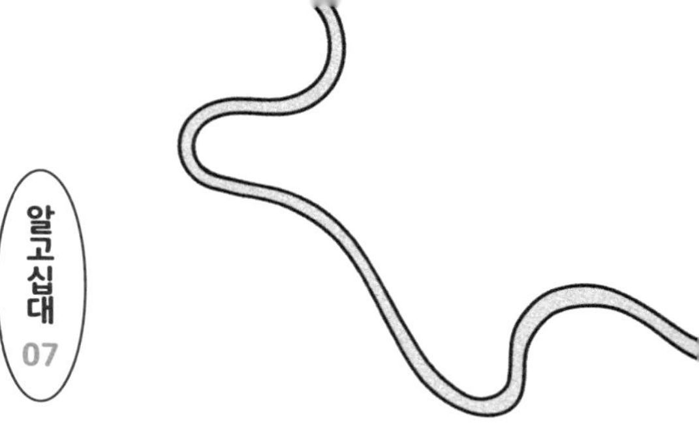

알고십대 07

내가 먹지 않는 이유는요

박지현 글 | 최혜령 그림

) 프롤로그 (

저는 지난 10년이 넘는 세월 동안 10대부터 많게는 50대까지 식이장애를 앓고 있는 다양한 내담자들과 가족들을 만나 왔어요. 그때 제가 공통적으로 깨닫고 정말 안타깝게 생각한 부분이 하나 있었습니다. 다양한 히스토리를 가진 성인 내담자들 대부분이 바로 10대 때 식이장애가 시작되었다는 사실입니다. 당시에는 식이장애 증상인지 몰라서 병을 키우다가 성인이 되어서야 저를 찾아오게 되었다고 했죠. 그럼 이분들이 그동안에는 무엇을 하고 있었을까요? 각종 다이어트 업체나 살을 단기간에 빼준다는 약, 시술과 같은 것에 돈과 에너지를 쓰다가 도저히 증상이 나아지지 않으니 저 같은 식이장애 전문 상담심리사를 찾게 된 것입니다. 설령 본인이 식이장애인 것을 알았다고 해도 이 모든 문제가 내가 살을 빼지 못해서, 먹는 것을 참지 못해서 생긴 일이라고 생각했던 거예요. 식이장애가 마음의 병, 특히 애착과 트라우마와 연관된 증상이라는 것을 전혀 알지 못했지요.

만약 10대 때 이분들이 자신의 증상과 마음의 문제가 연관이 있다는 것을 알았다면 어땠을까요? 내 몸이 문제여서 자존감이 낮고 우울한 것이 아니라는 것을 일찍 깨닫고 제대로 된 치료적 접근으로 다가갔다면 그 긴 고통에서 빨리 빠져나왔을 텐데 하는 안타까운 마음이 들었어요. 그렇기에 식이장애가 발병되는 나이인 10대 여러분이 이 책을 읽는다면 훨씬 예방 효과가 있을 거예요. 특히 요새는 SNS에 마르고 예쁜 몸을 위한 다이어트 관련 영상과 사진 등 정보가 넘쳐나는 시대라 더욱 더 식이장애로 빠지기 쉬운 것 같아요. 미디어에서 요구하는 마른 몸에 맞춰야만 괜찮은 사람이 될 수 있다는 잘못된 생각에 쉽게 빠지게 만드는 위험 요인들이 여러분 주변에 너무나 많습니다.

책에서도 설명하겠지만 식이장애는 거의 대부분 '한번 건강하게 다이어트 해 볼까?' 하는 가벼운 마음에서 시작되니 여러분 스스로 내가 심각한 식이장애인지 깨닫기 어려워요. 건강한 다이어트→강박적인 다이어트→조절 가능한 식이장애→조절 불가능하고 일상이 무너지는 식이장애의 순서로 심각한 단계까지 이르게 되는 것이죠.

1장에는 내가 식이장애 중에서도 어떤 단계인지 점검해 보는 내용이 담겨 있습니다. 2장과 3장에서는 단순히 살이 찌고 마르지 않아서 힘든 것이 아니라는 것을 깨닫고 심리적인 진짜 원인을 찾아 여러분의 내면을 살펴볼 수 있어요. 특히 나와 부모님과의 관계, 대인관계 문제, 내면의 심리적인 어려움들을 식이장애 증상과 연관지어 생각해 볼 수 있습니다. 4장에서는 나의 심리적 어려움과 아픈 마음들에 올바르게 접근하는 여러 방법들을 적어 보았어요.

물론 이 책 한 권으로 여러분의 식이장애를 다 고칠 수는 없을 거예요. 그렇지만 제가 간절히 바라고 기대하는 것은 혹여나 '더 마른 몸을 만들어 볼까?', '내가 자존감을 높이려면 마르면 되지 않을까?' 하는 마음에 잘못된 다이어트로 가려고 하는 친구들을 미리 예방하는 차원이며, 또 하나는 식이장애를 겪고 있는 여러분에게 절대 식이장애는 나의 의지나 노력의 문제가 아닌 마음의 문제임을 강조하는 것이에요. 절대 여러분의 잘못으로 생긴 것이 아닙니다. 참고 견딘다고 되는 것이 아니라 여러분이 그동안 왜 힘들었는지 찬찬히 살펴줄 부모님과 전문가의 도움이 필요하다는 것을 꼭 명심하세요!

이 책을 통해 여러분이 식이장애 증상을 마음의 문제와 잘 연관지어 볼 수 있기를, 자기 자신을 비난하는 것을 멈출 수 있기를 간절히 소망합니다.

) 차례 (

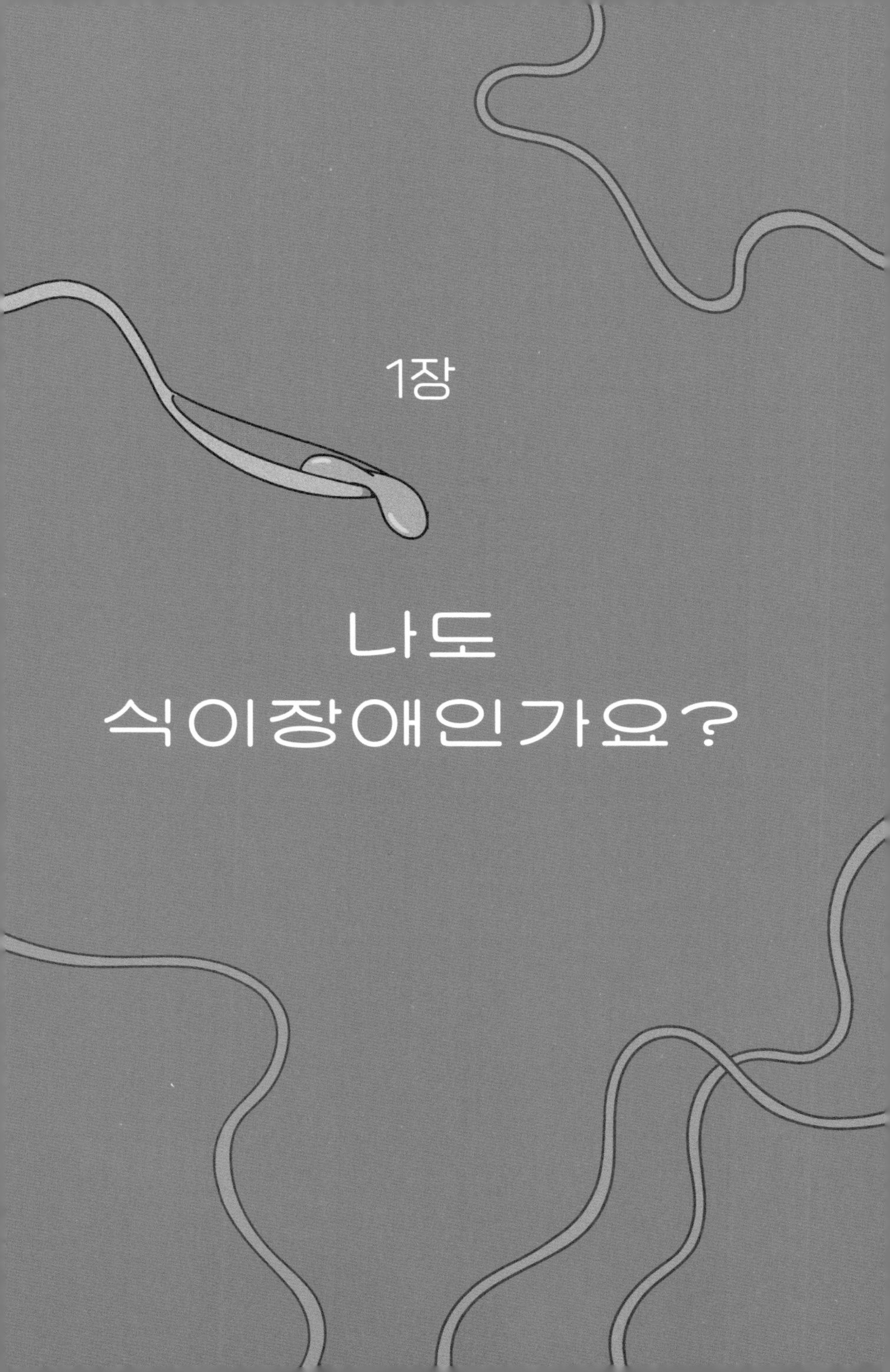

1장

나도 식이장애인가요?

①

다들 다이어트 하잖아요?

초등학교 6학년 겨울 방학, 은지는 중학교에 가기 전에 다른 친구들처럼 날씬하고 마른 몸을 만들고 싶다는 욕구가 불쑥 올라왔어요. 사실 그 이전에도 살을 빼고 싶다는 생각은 갖고 있었지만 좀처럼 실천하기가 어려웠거든요. 살을 빼려고 몇 번 시도해 봤지만 2개월을 넘기기가 힘들었다고 해요. 먹는 것을 줄이면 다시 과식으로 이어지거나 운동을 해도 오래 버티지 못해서 번번이 다이어트에 실패한 거죠. 여러분도 이런 다이어트 실패 경험을 한 번은 갖고 있지 않나요?

은지는 중학교에서도 살 좀 빼라는 말은 더 이상 듣고 싶지 않았어요. 그래서 보란 듯이 살을 빼서 평소 자신을 뚱뚱하다고 놀리고 은근히 무시했던 친구들의 기를 눌러 주고 싶었던 거죠.

학교생활 내내 단체 사진을 찍는 것이나 신체검사 시간 등은 은지에게 스트레스를 넘어서 공포 그 자체였어요. 단체 사진 속에서 마른 친구들과 비교되는 자신의 몸, 그런 자신과 비교하며 우월감을 뽐내는 얄미운 마른 친구들, 대놓고 마른 친구와 자신을 비교하는 짓궂은 아이들의 장난은 은지의 마음을 정말 힘들게 했습니다. 그래서 신체검사 전날에는 자신의 체중을 친구들이 알게 될까 봐 강박과 불안에 시달렸어요. 이런 이유들로 이전과는 다르게 정말 독하게 결심을 하고 6학년 겨울 방학에 드디어 강도 높은 다이어트를 시작한 거죠.

처음 시작은 좋았습니다. 은지의 부모님도 칭찬할 만큼요. 단것이나 늦게 먹는 야식은 모두 끊었습니다. 엄마가 해 주는 한식 세끼를 꼬박꼬박 먹으며 매일매일 운동을 2시간씩 하자 변화가 생긴 겁니다. 160cm/60kg이었던 은지는 2개월 만에 10kg을 빼는 데 성공합니다. 50kg이 되자 주변에서 난리가 났죠. 살을 어떻게 뺀 거냐며 여자, 남자 친구들 할 것 없이 은지에게 폭발적인 관심을 보였어요. 은지는 살을 빼자 달라진 주변 반응에 힘을 얻어서 이왕 한 김에 더 열심히 해 보자는 마음을 갖게 되었어요. 이제는 본격적으로 식단을 관리하기 시작했어요. '더 날씬한 몸으로 교복을 입어야지' 하는 다짐과 함께요.

나중에는 탄수화물을 입에 대는 것조차 죄책감이 들기 시작했습니다. 모든 음식을 '살찌는 나쁜 음식 VS 살 안 찌는 좋은 음식'으로 나누고 더 철저하게 식단 관리를 했어요. 두 달 동안 은지가 먹은 하루 식단은 대충 아래와 같은 패턴이었어요.

아침 요거트, 사과 반쪽

점심 닭가슴살 120g, 야채 샐러드

저녁 단백질 셰이크

이렇게 하루에 1000칼로리가 안 되게 먹고 2시간 하던 운동을 3~4시간으로 늘렸습니다. 헬스, 자전거 타기, 수영 이렇게 여러 운동을 반복하면서요. 3월이 되기 전 은지의 체중은 38kg이 되어 있었습니다. 뼈가 보이기 시작했고 머리카락이 빠지고 월경이 끊겼지만 은지는 자신이 고대하던 정상보다 훨씬 마른 몸이 된 것에 만족했어요. 은지 역시 시작은 건강한 다이어트였지만 지금은 생명이 위태로운 수준의 거식증 증상을 보이게 되었어요. 앞자리가 4로 바뀌는 것도 두렵고 살이 찔까 봐 제대로 먹지도 못하는 힘든 일상생활이 반복되기 시작한 것입니다. 그래도 은지는 38이라는 숫자를 놓을 수가 없었어요. 예전처럼 맛있는 음식을 먹지 못하고, 친구들과의 만남도 먹는 것 때문에 다 차단하는 바람에 외롭고 고립감을 느꼈지만 어쩔 수 없었습니다. 힘들게 겨우 만든 마른 몸을 예전의 건강한 일상생활과 바꾸기는 싫었던 거예요. 다시는 뚱뚱하다는 놀림을 받고 싶지 않았기 때문이죠.

저는 은지의 마음이 너무나 이해되었습니다. 어릴 때부터 남들보다 조금 더 통통하다는 이유로 많은 불이익을 봐야 했고, 직간접적인 놀림과 시선들은 은지에게 '너는 뭔가 부족해', '너는 예쁘지 않아', '네 몸은 잘못됐어!'라는 메시지를 주었을 테니까요. 그렇다고 해서 은지가 옳고 건강한 길을 선택했다고 말하는 것은 아니에요. 은지의 사례를 통해 여러분이 여기서 구별해야 하는 중요한 개념이 있어요. 바로 사춘기에 하는 건강한 다이어트와 거식증은 출발이 '다이어트'였다는 공통점이 있어서 비슷한 듯 보이지만, 둘은 완전히 다르다는 사실입니다.

건강한 다이어트와 거식증의 차이점

*

건강한 다이어트와 거식증은 일단 이런 차이점들이 있어요. 첫째, 건강한 다이어트는 일단 음식을 두려워하지 않아요. 살 안 찌는 나쁜 음식과 좋은 음식을 나눌 수는 있어도 그걸 어겼다고 해서 죄책감이나 우울, 불안감 등의 부정적인 감정들을 경험하지 않아야 합니다. 물론 체중 관리를 위해 여러 규칙들을 만들 수는 있어요. 가령 6시 이후 먹지 않기, 단 것 줄이기, 배달 음식 시켜 먹지 않기 같은 것들이죠. 그렇지만 약속이 있거나 먹어야 할 때는 야식도 허용할 수 있어야 해요. 가령 여러분이 단체 수련회를 가서 늦게 활동이 끝나고 간식을 먹거나 하는 경우들 말이에요. 상황과 환경에 따라 유연하게 음식을 허용해 줄 수 있어야 합니다. 식욕을 무작정 누른다거나 음식 자체를 기피해야 하는 것으로 여기지 않아야 해요.

두 번째, 건강한 다이어트는 다이어트의 여러 규칙들이 내 삶을 통제하지 않는 것입니다. 여러분은 10대 학생이니까 학업, 친구 관계, 진로, 미래의 꿈 같은 것들이 중요한 관심사일 거예요. 그럼 다이어트가 나의 학업이나 대인 관계보다 우선순위를 차지하지 않아야 합니다. 6시 전에는 먹지 않는 것이 나의 다이어트 규칙이라도 친구와의 약속이 있다면 저녁을 먹을 수 있어야 하는 것이죠. 살을 빼는 것이 중요하긴 해도 그것을 위해서 나의 모든 일상을 다이어트 중심으로 무너뜨리지 않아야 해요.

세 번째, 건강한 다이어트는 정상적인 범주 안에서의 체중 유지를 목표로 삼아요. 건강을 해칠 정도의 비정상적인 저체중을 유지하려고 하는 것은 안타깝게도 이미 거식증의 대표적인 증상이 나타났다고 볼 수 있답니다. 거식증의 핵심 증상이 바로 '체중 증가에 대한 공포, 정상적인 체중 유지에 대한 거부'거든요. 만일 여러분이 체중과 내 몸에 대한 과도한 불만족감으로 정상 체중을 거부하고 있다면 거식증 단계에 온 것은 아닌지 의심해 보아야 해요.

네 번째, 건강한 다이어트는 체중에 따라 나의 자존감이나 감정이 왔다 갔다 하지 않아야 해요. 체중이 내려가면 내가 괜찮은 사람이고, 체중이 올라가면 가치 없는 사람이 되는 것이 아니라 그냥 체중계의 숫자가 달라진 것 뿐이거든요. 체중이 내려가면 기분이 좋긴 해도 딱 거기까지입니다. 건강한 다이어트는 체중과 나의 존재감 자체를 연결 짓지 않아요.

마지막으로 건강한 다이어트는 배고픔과 배부른 느낌의 감각을 자연스럽게 여겨요. 호흡이 당연한 것처럼 배고픔과 배부름의 감각도 우리 몸에서 일어나는 굉장히 자연스러운 생리적인 현상이에요. 왔다 갔다 하며 규칙적으로 아름다운 리듬을 만들어 내는 것이죠. 그렇지만 거식증은 배부른 느낌 자체를 부정적인 신호로 왜곡해서 해석한답니다. 반대로 배고픈, 공복의 느낌을 살이 찌지 않아서 기분 좋고 안전하다고 느끼는 경우가 많아요.

이렇게 거식증이 건강한 다이어트와 큰 차이점이 있다는 사실이 여러분에게 조금이라도 와닿았나요? 자신의 생명을 걸고 하는 다이어트는 이미 다이어트가 아니라 '마음의 병'이 되어 버려서 내 마음이 아프다는 거식증의 신호를 보내고 있는 것입니다. '다이어트=거식증'이 아니랍니다. 거식증은 엄연히 우울증과 같은 심리적 문제예요. 다만 증상을 체중과 음식을 통해 드러내는 것뿐이죠. 이 내용은 책에서 계속 다룰 거니까 이 말이 조금 이해가 안 되더라도 잠깐 넘어가도 됩니다. 요약하면 건강한 다이어트는 여러분의 신체와 마음을 모두 활력 있게 그리고 나 자신의 존재 자체를 더 사랑할 수 있도록 안내합니다. 균형 잡힌 식사와 적당한 운동이 여러분의 삶에 더 큰 에너지를 주기 때문이에요. 실제로 기분을 좋게 해 주는 엔도르핀, 세로토닌과 같은 호르몬들이 건강한 식사와 운동을 통해 나온답니다.

그렇다고 해서 사춘기에 하는 다이어트를 반대하는 것은 절대 아니에요. 여러분의 행복과 성장을 돕는 건강한 다이어트는 찬성입니다. 그러나 은지처럼 자신의 생명에 위협이 될 정도의 극단적인 다이어트는 위험합니다. 그건 더 이상 다이어트라고 볼 수 없기 때문이에요. 이 차이점을 여러분이 꼭 구분해서 내가 뭔가 위험한 거식증 쪽으로 가고 있다는 느낌이 들면 잠시 다이어트를 내려놓고 어른들에게 도움을 청해야 해요.

나의 다이어트 점검하기

*

그럼 잠시 내가 지금 건강한 다이어트를 하고 있는 것인지, 혹은 거식증 단계에 와 있는 것인지 간단하게 체크해 볼까요?

건강한 다이어트를 할 때 나타나는 것들

- 내 몸에 맞는 건강한 체중을 목표로 한다.
- 매끼 2200칼로리 정도로 정상적인 세끼의 식사를 먹고 있다.
- 다이어트에 대한 규칙은 있지만 상황에 따라 어긴다고 해서 죄책감이나 우울감을 느끼지 않는다.
- 즐기면서 할 수 있는 규칙적인 운동이 있다.
- 체중에 따라 나의 자존감이나 기분이 왔다 갔다 하지 않는다.

2개 이상 해당된다면 건강한 다이어트를 하고 있는 거예요.

거식증을 의심해 볼 수 있는 증상들

- BMI 수치가 17 이하로 내려갔다.
- 매끼 칼로리 계산, 매일 체중을 재며 1000칼로리 미만의 극단적인 다이어트를 하고 있다.
- 다른 사람 앞에서 음식 먹는 것에 대해 죄책감이나 부끄러움을 느낀다.
- 운동을 쉬면 체중이 증가할 것이라는 두려움 때문에 매일 운동을 쉬지 않고 하는 패턴이 있다.
- 내가 계획한 음식의 양을 조절하지 못하면 자신에 대한 비하나 자

책이 심해진다.

- 조금이라도 내가 살쪘다고 느끼면 약속을 취소하고 다른 사람들과 연락을 끊는다.
- 다른 사람들의 외모와 몸을 수시로 관찰, 나는 못생기고 살쪘다며 비교하고 자책한다.
- 체중 감량을 위해 절식과 폭식을 반복하며 과도한 운동, 구토, 변비약, 이뇨제 혹은 살 빼는 약을 자주 복용한다.
- 살찌지 않기 위해 음식을 잘게 쪼개서 먹거나, 자기만의 식사 규칙을 만든다.
- 음식과 체중 외에는 평소 좋아했던 취미생활이나 가족, 친구에게 관심이 없어졌다.

거식증의 대표적인 증상들

- 자신의 몸을 혐오하고 정상적인 체중을 거부한다.
- 현재 심각한 저체중 상태이다.
- 심각한 저체중임에도 체중 증가나 살찌는 것에 대한 강한 공포를 가지고 있다.
- 체중 증가를 방해하는 과도한 운동, 구토, 하제, 이뇨제, 변비약 등을 사용한다.

- 현재 심각한 저체중임에도 내가 마른 상태임을 객관적으로 인식하기 어렵다.
- 절식, 폭식, 구토를 반복하며 저체중을 유지하고 있다.
- 무월경, 저체온, 추위에 대한 내성 저하, 심각한 저혈압, 변비, 복통, 피부 건조, 탈모 등 신체적인 손상이 나타나고 있다.

1개 이상 해당된다면 거식증 증상으로 의심해 볼 수 있어요.

②

거식증과 폭식증을 반복하게 돼요

160cm/38kg까지 체중이 내려간 은지는 38이라는 숫자에 만족하지 못하고 더 빼고 싶어 하는 자신이 정말 무섭게 느껴졌습니다. 체중계의 숫자가 내려가면 내려갈수록 심리적 만족감이 더 커지고, 아무리 애를 써도 안 먹는 쪽으로 강박이 더 심해지는 자기 자신을 감당하기가 어려웠던 것이죠. 은지가 피부로 느끼기에도 저체중이 된 뒤로 학교에서 수업을 듣는 것도 힘이 들고 탈모와 저체온 등 일상생활에 지장이 생기기 시작했기에 용기를 내어 조금씩 먹는 양을 늘려갔습니다. 물론 체중이 느는 것은 여전히 싫고 무섭지만요.

세끼를 시간에 맞춰서 먹기 시작한 지 몇 개월이 지나서 은지는 갑자기 폭발하는 식욕을 멈출 수가 없었습니다. 극단적인 다이어트를 하기 전에 정상 체중일 때에도 단 것이나 가공식품을 잘 좋아하지도 않았을 뿐더러 먹지도 않았는데, 도리어 밥을 먹고도 빵, 아이스크림, 과자 등 간식들을 배가 찢어질 정도로 폭식을 했어요. 심한 날에는 한번 먹을 것을 입에 대면 4~5시간 동안 폭식을 하는 경우도 있었습니다. 은지는 이성과 식욕이 따로 노는 이 상황이 너무나 당혹스럽고 무서웠어요. 특히 배는 너무 아파서 짜증나고 화가 나지만 먹고 싶은 것을 다 먹으며 입은 음식을 즐기고 있다는 것도 스스로 이해되지 않았습니다. 이렇게 먹다가는 다시 놀림 받았던 60kg으로 돌아갈 것 같았거든요.

보통 은지의 사례처럼 거식증과 폭식증은 동떨어진 것이 아니라 자유롭게 왔다 갔다 하는 경우가 많아요. 겉으로 봤을 때에는 음식을 너무 안 먹거나 많이 먹고의 차이가 있지만 그 안을 들여다보면 심리적인 역동, 즉 마음의 여러 움직임이나 갈등과 기능은 비슷하답니다. 이것 역시도 나중에 뒤에서 더 설명할 테니 지금은 '두 증상은 같은 식이장애 안에 들어 있으니 서로 비슷하고 왔다 갔다 하는구나' 정도만 알고 넘어가도 돼요.

그럼 왜 거식과 폭식을 오가는 것일까요? 식욕을 누르는 데 한계가 있기 때문입니다. 은지는 사실 40kg이 되는 것이 무서워서 철저하게 1200칼로리를 넘지 않게 계산하며 먹고 있었습니다. 세끼를 시간 맞춰서 먹기는 했지만 기름기 없고 속에 부담이 안 될 만큼 양념이 되어 있지 않은 거의 고정된 메뉴들로요. 예를 들어 아침에는 우유, 과일, 계란 1개/ 점심에는 현미밥 반 공기, 야채, 생선, 두부/ 저녁에는 닭가슴살 샐러드 또는 샌드위치, 견과류 같은 것들로 말이지요. 친구들이 좋아하는 마라탕이나 떡볶이, 치킨도 전혀 먹지 않았습니다. 이런 음식들은 일단 몸에서부터 거부감이 들었는데, 소화가 안될 것 같은 느낌과 괜히 먹었다가 체하면 어쩌지 하는 불안감이 동시에 들기도 했습니다. 실제로 다른 친구들이 줬던 치킨을 억지로 먹으려고 하다가 소화가 안 되서 고생했던 경험도 있었기 때문입니다. 그래서 은지는 자신이 정한 식사 규칙들인 메뉴와 식사 시간을 철저하게 지키며 먹었던 것이지요.

아마 처음에는 은지가 맞았을지도 모릅니다. 기아 상태에 있던 몸에 갑자기 자극적인 음식이나 1인분의 식사량을 먹는 것은 무리가 있으니까요. 마치 수술하고 나온 환자들이 약해진 위를 보호하기 위해서 간이 안 된 가벼운 죽으로 식사를 시작하는 것처럼요. 실제로 저체중으로 위에 지방이 너무 없으면 위가 축 처져 음식물이 장으로 넘어가기까지 오랜 시간 위에 머물게 되는데, 이걸 위하수 현상이라고 해요. 그러니 조금만 기름지거나 묵직한 1인분의 식사는 불쾌한 복부 팽만감을 일으켜 소화하는 데 괴로움을 주지요. 사람은 어느 정도 내장 지방이 있어야 장기들이 움직이지 않고 고정되는데 지방이 너무 없다 보니 위는 밑으로 처지게 되고 장까지 누르게 되어 고통스러운 것입니다. 이때는 신체적인 수술을 한 환자들이 미음과 죽을 먹다가 어느 정도 힘이 생기면 밥을 먹는 것처럼 식사에 대한 점진적인 변화가 필요해요. 부드러운 것에서 묵직한 것으로, 간이 안 된 것에서 정상적인 간이 된 음식으로 옮겨 가고 나중에는 정상적인 1인분의 식사량으로 좋은 음식, 나쁜 음식 구별 없이 내 몸에서 먹고 싶은 음식을 먹으며 식욕을 온전히 허용해 주는 방향으로 가야 합니다. 그런데 은지는 어느 일정 기간이 지나도 1200칼로리를 고수하며 식욕을 제한하고 있었기 때문에 폭식이 나올 수밖에 없었던 거예요.

식욕은 억누를 수 있는 것이 아니다!

*

사람들이 오해하고 있는 것이 바로 '식욕은 계속 참을 수 있다'는 생각이에요. 식욕을 나의 의지로 얼마든지 조절 가능하다고 생각하는 경우를 많이 보았어요. 은지도 역시 자신의 의지로 얼마든지 적은 칼로리를 먹을 수 있다고 생각했습니다. 그런데 여러분, 이런 생각이 계란으로 바위치기 같은 수준이라는 것을 알고 있나요? 은지는 처음부터 노력으로는 한계가 있는 불가능한 목표를 세웠기 때문에 폭식이라는 결과를 얻을 수밖에 없었죠.

왜냐하면 먹는 것 자체가 우리의 생존과 관련되어 있기 때문입니다. 우리 몸을 유지하기 위해 필요한 기초 대사량이 있다는 것을 여러분도 알고 있을 거예요. 우리가 아무것도 하지 않고 가만히 누워만 있어도 빠져나가는 것, 일명 숨만 쉬어도 빠져나가는 칼로리가 필요하기 때문이지요. 호흡하고 심장이 뛰는 것에 필요한 1200칼로리, 백혈구, 적혈구, 손톱, 발톱, 머리털이 자라는 데 필요한 150~300칼로리, 음식물을 소화시키고 흡수하는 데 필요한 150칼로리, 전해질 균형과 체온을 유지하는 데 필요한 150칼로리. 이 모든 것을 다 합치면 하루에 1650~1800칼로리가 필요합니다. 여기에 더해 아직 청소년인 여러분은 성장과 발달에 필요한 칼로리와 공부하고 움직이고 활동하는 데 필요한 칼로리까지 합치면 대략 최하 2000칼로리가 넘어갑니다. 거식증까지 왔다는 것은 은지처럼 1650칼로리 이하로 먹었다는 것이겠지요. 그건 한마디로 열심히 대뇌(의지)로 본능(시상하부)을 눌렀다는 이야기입니다.

은지처럼 아프기 전에는 식이장애가 있는 친구들 모두 '배꼽시계'라는 것이 있었어요. 우리가 애써서 의식하지 않아도 배고픔과 배부름을 담당하고 조절하는 뇌의 기능이 있기 때문에 배꼽시계(몸의 느낌)에 따라 배고프면 밥을 먹고 배가 부르면 수저를 놓는 것이 자연스러웠을 거예요. 그런데 이것을 의지로 억누르게 되면 신호 체계가 무너지게 되는 것이지요. 은지의 경우처럼요. 대뇌(이성)는 식욕을 계속 누르면서 안 먹으려고 하지만 몸을 운영해야 하는 입장인 본능(시상하부)은 마치 튀어 오르는 용수철처럼 폭식하기 만을 기다리고 있어요. 은지가 하루 1200칼로리를 먹으며 절식 상태로 버티고 있었을 때에 폭식이 나오지 않았다고 해서 그 몇 개월 동안 몸이 괜찮았던 것이 절대 아니랍니다. 꼭 식이장애가 없더라도 모든 사람들은 하루 종일 굶었다가 무언가를 먹게 되면 몸에서 굶주렸던 시간만큼 과식/폭식을 하게 됩니다. 굶주렸던 몸에서 살고자 나오는 반응이 바로 '신체적 폭식'이에요.

그러니까 여러분이 의지가 약해서, 식욕 조절을 못해서 나오는 잘못된 반응이 아님을 꼭 알아 뒀으면 해요. 은지처럼 많은 친구들이 거식증 회복 과정에서 나오는 과식/폭식에 많은 죄책감을 갖는 것을 보면서 참 안타까울 때가 많습니다. 계속 강조하지만 생리학적으로 자연스러운 과정입니다. 사실 잘 먹어도 어느 일정 기간은 과식을 하게 되어 있거든요. 무너진 몸을 회복시키기 위해서 말이지요. 언제 나오는지는 사람마다 식이중추가 다르니 차이가 있습니다. 그런데 아무리 의지가 강한 사람도 계속 식욕을 허용하지 않고 억누르다 보면 2년 이내에는 폭식을 하게 되더라고요. 적어도 제 상담 경험에서는요. 잠도 며칠 밤을 새면 하루 종일 몰아서 자는 것과 같은 원리랍니다.

그럼 여기서 많은 친구들이 궁금할 것 같아요. "계속 폭식을 하게 되는 것인가요?", "체중이 한없이 올라가면 어쩌죠?" 답은 절대 그럴 수 없다는 것입니다. 몸은 여러분이 생각하는 것보다 훨씬 똑똑하고 정확하답니다. 앞에서도 이야기했지만 의지(대뇌)로 본능(시상하부)을 억눌러서 몸을 기아 상태로 만들어 놨기 때문에 생긴 부작용이니까요. 이미 다른 사람들보다 몸이 많이 취약해진 상태인데 1인분의 똑같은 식사를 한다고 해도 약간은 더 많이 먹을 수밖에 없지 않을까요? 세끼를 꾸준하게 먹고 식욕을 건강하게 허용해 준다면 대략 3~4개월 안으로 식욕은 진정됩니다. 또 체중도 어느 선까지 올라가다 멈추게 되어 있어요. 그건 사람마다 다르지만 성장해야 하는 청소년 시기에는 그 칼로리가 키로 가는 경우도 많이 있답니다. 몸은 보통 주인이 또 다시 굶더라도 안전한 상태가 되도록 만들어 놓기 때문에 약간은 더 넉넉하게 최고 체중까지 올라가게 되지만 걱정하지 마세요! 몸이 충분히 안정됐다고 느끼면 체중은 다시 내려가게 됩니다.

중요한 사실은 반드시 폭식도, 체중 증가도 한없이 이어지는 것이 아니라 몸이 회복되면 멈춘다는 것이에요. 그런데 여기서 정말 주의할 점! 자꾸 머리로 계산해서 식욕을 누르면 안 돼요.

이때 최고 체중까지 올라간 자신의 몸을 견디지 못하고 또다시 살찔 것에 대한 두려움 때문에 극단적인 다이어트를 시도하게 된다면 거식증은 폭식증으로 이어질 수 있습니다. 한번 극단적 기아 상태가 되었던 몸은 그 과정을 반복하는 것을 무척 힘들어하거든요. "엇, 예전에는 적게 먹고도 잘 버텼는데 왜 폭식을 하게 될까요?" 이런 질문도 많이 받는데요. 우리 몸은 절식하면 절식할수록 일시적으로 체중은 내려갈 수 있으나, 생존하기 위해서 기초 대사량이 낮아지고 그 때문에 체지방량과 폭식의 횟수는 자꾸 증가하게 된답니다. 오히려 식욕을 누르고 극단적인 다이어트를 할수록 점점 더 살이 찌기 쉬운 체질로 바뀌게 되는 거예요. 그냥 두면 날씬하고 마른 몸인데 여러분 같은 청소년 시기에 시작된 거식증으로 굶고 다시 폭식하고를 반복하다 오히려 살이 빠지지 않는, 살찌는 체질로 변하게 된 성인들도 많이 만나 보았어요.

거식증과 폭식증은 겉으로 보기에는 많이 다를 수 있지만 살찌는 것에 대한 공포감, 체중 증가에 대한 두려움이 공통적으로 들어 있습니다. 어떤 사례에서는 한 사람에게서 거식증, 폭식증, 폭식 장애가 번갈아 가며 나타나기도 해요. 은지처럼 10대 때는 거식증을 겪다가 체중 회복 중에 최고 체중까지 가는 것을 견디지 못하고 다시 안 먹기 시작해서 폭식과 제거 행동을 반복하는 폭식증으로 갔다가, 나중에는 절식과 폭식, 제거 행동을 반복하는 거식증으로 다시 가기도 해요. 그러다가 성인이 되어서는 제거 행동은 따로 하지 않지만 폭식을 주기적으로 반복하는 폭식 장애로 바뀌는 경우입니다.

조금 이해가 되었나요? 중요한 것은 체중 증가에 대한 공포, 음식에 대한 강박, 살찌는 것에 대한 강한 두려움이 자연스러운 식욕을 막기 때문에 폭식이 생긴다는 사실이에요. 절대 여러분의 의지 문제로 식욕을 참지 못하는 게 아니랍니다!

신체적 폭식과 정서적 폭식의 차이

*

그럼 폭식은 언제 멈출까요? 8~12주 정도 소화가 안 되고 배부른 느낌 때문에 불쾌하더라도 식욕을 허용하면서 1인분의 식사와 먹고 싶은 간식을 잘 챙겨 먹다 보면 과식/폭식은 멈추게 됩니다. 저체중으로 인해 낮아졌던 기초 대사량이 다시 회복되기 시작하면서 배꼽시계가 안정되기 때문이에요. 식욕을 조절하던 뇌의 시상하부라는 영역이 규칙적인 식사로 다시 안정을 되찾은 것이지요. 그런데 그때그때 식욕을 허용하고 정상적인 식사로 포만감 있게 골고루 잘 챙겨먹었는데도 폭식의 욕구를 참을 수 없다면? 그건 흔히 저체중의 부작용으로 몸에서 나오는 생존반응의 폭식, 즉 신체적 폭식이 아닐 수 있어요. 스트레스와 마음의 문제로 생긴 정서적 폭식이 아닌지 생각해 봐야 합니다. 은지도 나중에 정서적 폭식이 나왔던 경우였어요. 규칙적으로 식사를 하면서 체중 회복이 다 된 뒤에도 폭식이 멈추지 않았던 것입니다. 자신에게 해코지했던 친구들을 방학이 끝나면 봐야 한다는 압박감 그리고 원래는 공부를 잘했지만 아프면서 멈췄던 학업을 어떻게 이어나갈지에 대한 부담감 같은 것들이 있었죠.

폭식을 하면 실제로 기분을 좋게 해 주는 호르몬인 세로토닌의 전구물질이 분비되어 일시적으로 기분을 좋게 해 주고 안정시키는 효과가 있습니다. 물론 폭식이 끝나면 배가 터질 것 같고 살찐 느낌이 심하게 들어서 더 기분이 안 좋아진다는 것이 단점이긴 하지만요. 폭식의 기능 자체는 감정을 진정시켜주는 데 도움을 줍니다. 폭식과 나의 마음이 어떻게 연결되는지는 뒤에서 더 자세히 다루도록 할게요.

그런데 이렇게 신체적 폭식과 정서적 폭식이 따로따로 나오지 않는다는 것이 좀 복잡하게 느껴질 수 있습니다. 단순하게 공식대로 나온다면 구별하기가 쉬울 텐데 섞여 있기 때문에 자꾸만 내 의지의 문제가 아닌지 오해하기 쉽지요. 은지의 사례로 다시 예를 들어 보겠습니다. 아래 표를 보세요.

표에서 가장 중요한 핵심적 요소는 마음과 몸이 서로 영향을 주고받는다는 사실이에요. 뭐가 먼저인지는 중요하지 않아요. 우리의 몸(신체)은 단순히 외적인 기능만 하는 것이 아니지요. 그

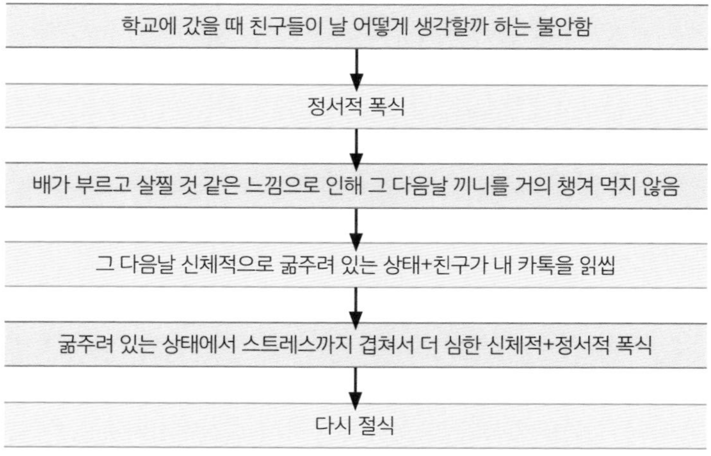

건 정말 1차원적인 몸의 기능입니다. 표에서 친구들이 나를 어떻게 생각할까?라는 생각은 은지에게 불안한 감정을 불러일으켰습니다. 내가 불안하다고 깨닫기 훨씬 전부터 내 몸의 신경계는 이미 불안정해진 상태였어요. 몸과 정신은 함께 연결되어 있기 때문입니다. 교감 신경계가 과잉 활성화되면서 심장 박동이 빨라지고 가슴이 답답해지는 것이지요. 배 안에 있는 모든 장기들도 잔뜩 긴장해서 꽉 얼어붙어 있을 수도 있고요. 이렇게 우리 몸은 감정, 생각, 기억과 같은 내 마음을 담고 있어요. 은지는 불안한 감정을 진정시키기 위해 폭식을 했습니다. 물론 은지가 인식하지 못한 상태에서요. 폭식 때문에 배가 터질 것 같았고 숨쉬기조차 어려운 신체적 고통을 느꼈습니다. 동시에 살찔 것 같은 느낌도 드니 짜증, 불안, 우울감이 몰려왔겠지요. 몸이 불편해지자 다시 마음이 힘들어진 거예요. 폭식에 대한 잘못된 해결책으로 따라온 절식은 은지를 외부의 자극(친구가 카톡을 씹은 것)에 더 취약해진 상태로 만들어서 다시 폭식으로 넘어가게 된 것이고요.

아까 몸은 우리의 마음을 담고 있다고 했지요? 그릇을 한번 상상해 보세요. 크고 깨지지 않는 재질의 그릇과 작고 자극에 쉽게 깨지는 그릇이 있다면 어떤 그릇에 더 많은 음식을 담고 오랜 시간 사용할 수 있을까요? 몸이 아프지 않고 튼튼해야 같은 사

건을 겪더라도 감정들을 잘 담아낼 수 있겠지요. 거꾸로 마음이 힘들어지면 아무리 무쇠 그릇이라도 깨지기 쉬워요. 이렇게 몸과 마음은 서로 영향을 주고받습니다.

만일 여러분이 체중을 회복시키고자 세끼를 정상적으로 먹는 것을 시도했는데도 잘 안 된다면요? 그건 마음이 아프다는 신호로 받아들여야 합니다. 이성과 머리로는 난 지금 충분히 괜찮고 힘들지 않다고 속일 수 있지만, 잠도 못 자고 당장 먹는 것이 어렵다는 것 그 자체가 중요합니다. 절식이든 폭식이든 분명 마음의 어딘가가 지금 힘들다는 신호입니다. 이러한 증상은 꼭 식이장애가 있지 않더라도 어떤 일에 크게 스트레스를 받고 신경 쓰는 일이 있으면 우리 모두가 경험할 수 있는 일들입니다. 몸이 마음의 타격을 받아 가장 기본적인 균형이 깨진 것이지요.

이것을 우리의 뇌 관점에서 다시 설명해 볼게요. 배고픔과 배부름을 조절하는 시상하부라는 뇌의 영역은 생존 뿐 아니라 감정의 뇌를 조절하는 부분까지 영향을 줍니다. 감정을 조절하는 역할을 하는 뇌 안쪽에 위치한 변연계는 우리 신체 내부 상태를 조절하는 수면, 체온 유지, 식욕, 성욕과 같은 주로 인간의 생존과 본능의 기능을 담당하는 시상하부를 포함하고 있어요. 그렇기 때문에 단순하게 배고픔을 참고 안 먹으면 체중이 줄어드는 것으로 끝나는 것이 아니라, 체중이 내려가면 내려갈수록 감정을 조절하는 뇌의 기능이 불안정해져서 강박, 우울, 불안이 심해져요. 여기에 수면에 쓸 에너지조차 몸에서 흘려보내지 못할 정도로 적은 양의 칼로리가 들어오기 때문에 잠을 자는 것도 지장을 받게 됩니다. 거꾸로 정서를 조절하는 뇌의 영역인 변연계가 불안정해지면 식욕, 수면도 함께 영향을 받는 것이고요.

밥을 못 먹고 잠을 못 자면 신경이 예민해지고 짜증이 늘어날 수밖에 없겠죠. 이런 생리학적인 이유로 저체중에서 체중 회복이 될 때에는 자아가 많이 위축되어 있고 자극을 부정적으로 해석할 가능성이 높아지게 됩니다. 여기에 여러분이 원래 갖고 있었던 심리적 문제들(가족 문제, 자존감의 문제, 학업 등)이 더해진다면 감정적인 이유로 먹는 '정서적 폭식'과 칼로리가 부족해서 생기는 '신체적 폭식'이 함께 일어날 수밖에 없겠죠. 정서적 폭식과 신체적 폭식이 좀 구별이 되었나요? 이에 대해 어떻게 접근하고 안정화시킬지에 대한 구체적인 내용들을 다음 장에서 또 나누도록 하겠습니다.

③ 먹고 토하면 진정되잖아요

절식과 폭식을 반복하며 40kg대를 버티던 은지는 점점 식욕을 오래 억누르는 것이 힘들어져 그냥 포기하고 먹기 시작했습니다. 확실히 잘 먹기 시작하니 몸에서도 힘이 생기고 감정 조절도 잘 되는 것이 느껴졌거든요. 무엇보다 어머니께서 은지를 위해 정성스럽게 요리해 주신 음식을 계속 남기고 버리는 것도 죄송했기 때문입니다.

예전처럼 세끼를 잘 먹고 머리가 아닌 몸에서 원하는 것을 꼬박 꼬박 먹으며 식욕을 허용해 주니 50kg대 후반이 되었습니다. 키도 3cm나 커서 163cm가 됐지만 은지는 전혀 기쁘지 않았어요. 다시 놀림 받았던 그때처럼 60kg이 되면 어쩌지 하는 불안이 올라왔기 때문이에요. 하지만 38kg까지 내려갔던 거식증 때처럼 식욕을 참는 것은 아예 불가능했습니다. 은지 몸의 입장에서는 또 다시 그렇게 굶고 혹사당한다는 것은 생존을 위해 두 번

다시 허용할 수 없었거든요. 체중 증가에 대한 불안 때문에 굶을 수는 없으니 이제는 먹은 것을 토하고 변비약도 같이 먹기로 결심합니다. 구토가 잘 안 나올 때에는 일부러 토하기 좋은 음식들을 더 왕창 먹고 토하기도 했습니다.

구토 초반에는 이게 자신의 일상에 문제가 될지 전혀 생각하지 못했어요. 오히려 구토가 나와서 다행이라는 생각도 한편으로는 있었고요. 자신이 조금 많이 먹었다고 생각이 들거나 살이 찐다고 생각하는 음식을 어쩌다 많이 먹어도 토하면 살이 찌지 않는다고 느꼈기 때문입니다. 실제로 50kg대 후반까지 올라갔던 체중도 조금 주춤하다가 55kg 이하로 내려갔습니다. 구토 때문에 체중이 내려간 것이 아니라 폭식, 구토 이외에는 제대로 된 식사를 하지 않았기 때문이죠. 여러분이 혹시 오해할 수 있는데, 구토를 한다고 해서 음식의 영양분이 몸에 흡수되는 것을 막을 수는 없습니다. 오히려 수분과 우리 몸에 필요한 칼륨, 마그네슘, 칼슘이 같이 빠져서 전해질 불균형이라는 부작용이 일어납니다. 거기다 위산이 자꾸 분비되어 구토가 오래 지속되면 치아가 부식되거나 얼굴의 침샘이 붓고 역류성 식도염이 생기는 등 거식증 때와는 다른 신체상의 부작용만 일어나지요. 먹은 음식과 함께 수분이 빠져나가니 일시적으로 체중이 내려가지 않을까

하는 심리적 효과는 있을 수 있어요. 그런데 폭식과 구토를 일부러 하는 것은 정말 위험할 수 있습니다. 아직 이 증상이 없는 친구들은 아예 시도조차 하지 않았으면 합니다. 은지처럼 마음을 먹고 토하든 우연히 시작되었든 그것은 중요하지 않아요. 이것이 반복되면 폭식, 구토에 중독되어 점점 나의 일상이 장악되고 말죠. 처음에는 살이 찌지 않는다는 안도감으로 한두 번 했던 폭식과 구토의 횟수가 점점 늘어나게 됩니다. 다름 아닌 폭식과 구토가 주는 심리적 안정감 때문이에요.

그렇기 때문에 단순히 음식을 한번에 많이 먹고 토하는 걸로 끝나지 않아요. 체중을 무리하게 빼면 우리의 신체와 정서에 심각한 부작용을 일으키는 것처럼, 폭식과 구토도 뇌의 쾌락 중추를 자꾸만 건드려 일상생활에서는 맛보기 힘든 강력한 도파민을 분출하게 합니다. 특히 참았던 식욕을 한꺼번에 터뜨리며 많은 양의 음식을 폭식하는 것은 현실과의 단절을 일으켜 큰 카타르시스를 느끼게 합니다. 기분을 좋게 해 주는 세로토닌도 나오지만 강한 도파민이 분비되는 것이죠. 뇌에 폭식과 구토라는 중독 회로가 생겨 여러분이 의지로 '이번에는 절대 폭식하거나 구토하지 않을 거야'라고 다짐해도 소용없습니다. 아주 작은 스트레스에도 여러분은 정서적 해결책으로 폭식과 구토를 선택하기 쉬워지죠. 단 몇 초만에요.

잠깐의 카타르시스와 심리적 안정감을 줄 수 있는 폭식과 구토는 은지의 삶을 점점 장악하기 시작했습니다. 감정을 조절하는 뇌의 영역이 불안정해졌기 때문입니다. 약해진 전전두엽은 공부하는 데 필요한 집중력도 떨어뜨렸습니다. 은지의 생각, 감정, 일상이 증상에 압도당하기 시작한 거예요. '어차피 이따 학교 끝나고 폭식할 텐데 아침 점심은 굶자', '지금 친구랑 외식하면 몰래 토하기도 어려운데…어떻게 약속을 거절하지?', '아, 너무 짜증나…그냥 빨리 집에 가서 먹고 토하고 싶다' 하는 생각뿐이죠.

그 자리에 앉아서 배가 찢어질 듯이 먹거나 동네 여러 편의점들, 빵집을 돌아다니며 폭식을 하면 은지처럼 자연스럽게 다른 끼니는 먹지 못하게 됩니다. 아무리 토하더라도 많은 양을 먹었다는 죄책감과 함께 토할 때 에너지를 많이 쓰고 위산이 역류하면서 실제로 그 다음 끼니를 먹기에도 속이 부담되거든요. 더군다나 한번 많이 먹을 때 느껴지는 일시적 쾌감과 외부 현실과 단절되어 나만의 공간에 들어간다는 느낌을 쉽사리 뇌에서 떨쳐버리기가 어렵고요. 여기에 구토를 통해 느껴지는 안정감은 어느새 폭식과 구토를 제일 친한 친구처럼 여기게 만들었어요. 힘들어도, 짜증나도, 외로워도 실제 친구들을 만나서 수다 떨고 떡볶이를 먹으러 가기보다는 폭식과 구토를 찾게 되는 것입니다. 쾌락 중추가 자꾸만 자극되고 전전두엽이 약해지니 점점 정서를 조절하는 힘과 집중력, 판단력은 자꾸만 약해져서 어느새 세상과 고립되어 나만의 성 안에 갇히게 돼요.

여기에 일상을 마비시키는 가장 큰 문제는 감정 조절의 가장 기본인 먹는 것과 자는 것 모두 어려워진다는 점입니다. 혼자 있을 때에도 먹는 것이 무너지니 당연히 타인과 먹는 것도 어려워지고, 타인이 얼마만큼 먹는지를 계속 보면서 나와 비교하게 됩니다. '혹시 내가 먹는 것을 보고 많이 먹는다고 욕하는 거 아니야?', '내가 폭식하고 구토한다는 것을 들키면 어쩌지?'

또 폭식을 하면 살찔 것 같은 두려움과 불안이 가장 표면으로 올라오게 됩니다. 살과 음식에 대한 공포감 때문에 비현실적으로 잘못된 다이어트 강박이 심해지죠. 왜곡된 다이어트 강박은 당연히 자신의 몸을 부정적으로 바라보게 만들어요. 은지 역시도 폭식과 구토가 심해질 때 체중이 50kg대 초반이었음에도 불구하고 자신의 몸이 여전히 뚱뚱하고 살을 더 빼야 한다는 강박에 시달렸기 때문입니다.

나의 폭식/구토 체크해 보기

*

겉으로는 살찌는 것이 싫어서 굶다가 폭식하고, 또 체중에 대한 강박 때문에 토하고 다시 안 먹기를 반복하는 것이 전부인 것처럼 보이지만, 사실 증상 안에는 복잡한 감정 조절의 메커니즘이 존재하는 것입니다. 폭식과 구토를 통해 위로와 위안을 받게 된 것이 뇌에 각인이 된 이상, 아무리 의지가 강한 은지라도 그것을 쉽게 떨치기는 어렵죠.

그래서 여러분이 심각하게 생각해 봐야 할 것은 폭식과 구토가 단순히 체중을 빼기 위한 방법이나 다이어트 실패로 인한 요요 현상과 같은 부작용 정도가 아니라는 사실입니다. 내 모든 일상을 무너뜨리는 중독으로 연결될 수 있어요. 그리고 이것은 잘못된 다이어트 강박을 계속 부추겨 내 몸을 비하하고 자존감이 낮아지는 결과를 초래하게 됩니다.

아래 항목을 체크하며 나는 지금 폭식/구토를 통해 어떤 정서적 위로를 받고 있는 살펴보세요.

- 폭식하기 전에 뭘 먹을까를 고민하며 설렌 적이 있다.
- 학교, 학원, 친구들과 있거나 기타 외부의 장소에 있을 때 이따 먹고

토해야겠다는 충동이 심하게 들어 현재 하고 있는 것에(공부나 대화 등) 집중을 못한 적이 있다.

- 폭식을 하는 동안 현실에서의 괴로움(공부, 친구 관계, 가족 관계 등)을 잊을 수 있어서 좋다고 느낀 적이 있다.
- 폭식을 하고 있는 동안에는 어차피 토하면 되니까 먹고 싶었던 음식들을 다 먹을 수 있어서 기분이 좋아진다.
- 구토를 하고 나면 불안하거나 우울, 분노 등의 답답하고 어두운 감정들이 해소되고 안정되는 경험을 했다.

폭식/구토로 인해 나의 어떤 일상들이 무너지고 있는지 체크해 보세요.

- 폭식/구토로 인해 친구들과 만날 수 없다.
- 누군가가 내가 토하거나 폭식하는 것을 눈치챌까 봐 불안하고 신경 쓰인다.
- 굶다가 폭식하는 횟수가 늘어서 공부에 집중이 안 되고 먹는 것, 살찌는 것에 대한 두려움에 항상 압도되어 있다.
- 하루 대부분의 시간을 폭식, 구토하는 데 보낸다.
- 엄마가 다른 가족들까지 먹으라고 해 놓은 밥과 반찬, 간식들을 다 먹어서 다투거나 혼난 적이 많다. 이런 현상들로 인해 가족 관계가 계속 안 좋아지고 있다.

• 폭식에 쓰는 돈이 많아서 엄마, 아빠와 갈등이 심해지고 있다.

폭식증을 의심해 볼 수 있는 증상들

• 일정한 시간 동안(예: 2시간)에 대부분의 사람들이 먹는 과식의 기준보다 더 많은 양의 음식을 먹는다. 예를 들어 치킨 한 마리를 먹고, 또 라면을 먹고, 빵을 먹는 식으로 3인분 이상 먹기.
• 폭식을 하는 동안 배부름의 감각을 느낄 수 없고, 배가 찢어질 것 같아도 스스로 멈출 수 없다는 조절 능력이 사라지는 것을 경험했다.
• 체중 증가를 막기 위해서 부적절한 제거 행동들을 한다(구토, 설사제, 이뇨제, 변비약, 관장제, 기타 다이어트 관련한 약물 복용, 과도한 운동).
• 폭식과 제거 행동이 평균적으로 최소한 일주일에 1회 이상 3개월 동안 일어나고 있다.

가짜 배부름과 가짜 배고픔을 구별하는 법

*

가짜 배부름: 거식증

거식증이 오래 지속될 때 가장 많이 호소하는 증상 중 하나는 음식물이 위에 차는 느낌 자체를 못 견뎌하는 것이에요. 조금만 배가 불러도 '내가 엄청 많이 먹었구나, 살이 찌겠네'라고 잘못 해석하기 때문입니다. 은지도 자신의 가짜 배부름 느낌을 이렇게 얘기했습니다. "키위, 삶은 새우를 먹고 기분이 좋았어요. 다 제가 좋아하는 것들이거든요. 그러고 나서 샌드위치를 만들어 먹었는데 그것도 맛있었어요. 맛있으니 샌드위치 한 개를 더 만들어서 먹은 거죠. 그러고 나니까 배가 답답한 거예요. 너무 많이 먹은 것 같고요. 곧바로 체중계에서 체중을 쟀어요. 300g 늘어난 것을 보니 불안, 초조, 빨리 토해야지 하는 생각들이 오고 갔어요. 일부러 토하려고 우동을 급하게 먹었죠. 조금만 배불러도 저는 못 견디겠어요. 그 배부른 느낌 자체가 너무 힘들거든요."

은지가 먹은 키위 2개, 새우 6마리, 샌드위치 2개는 제가 볼 때 많은 양이 아니었습니다. 그 외에는 이틀 동안 거의 먹지 않았기 때문입니다. 더군다나 은지가 먹은 메뉴들은 평소 좋아하는 음식들이었지요. 즉 자신의 몸이 먹고 싶었던 음식이었습니다. 은지는 저에게 비밀을 얘기해 준다는 듯 속삭이며 말했습니다. 자신은 먹을 때마다 불안한 게 있다고 말입니다. '내가 이 음식을 먹고 토하지 못하면 어쩌지?'라는 불안이 올라올 때마다 너무 힘이 든다고 했어요. 사실 자신이 좋아하는 음식을 먹을 때는 배가 부담이 되지 않기 때문에 토하기가 어렵지만, 먹은 것을 토해야 체중이 늘지 않기 때문에 꼭 토해야 한다고요.

은지는 내가 좋아하는 음식을 먹고 적당히 배부르고 기분 좋은 느낌이 드는 그 순간을 잘못 해석한 거예요. 식이장애가 없는 사람이었다면 그 기분이 굉장히 좋았을 것입니다. 내가 좋아하는 음식을 먹고 적당히 배부른 느낌이요. 잘 먹고 배도 부르니 이제 좀 다른 것을 해 볼까? 하며 다른 취미 생활을 했을지도 모릅니다. 그러고는 자연스럽게 소화가 되면 그 배부른 느낌은 다시 배고픈 느낌으로 돌아왔을 것입니다. 하지만 은지에게는 살이 찌면 자신의 존재감이 사라진다는 생각도 들었을 거예요. 아주 짧은 순간에 자신의 존재를 위협하는 많은 것들이 떠올랐고 그로 인한 불안, 초조함은 빨리 토해야겠다는 행동으로 옮겨 갔습니다. 거식증이 있는 친구들은 이렇게 자신이 좋아하는 음식을 먹다가 폭식과 구토로 옮겨 가는 경우가 많습니다. '배부른 느낌=살이 찐다=존재감 없음'으로 잘못 해석하기 때문입니다.

그러다 보니 점점 내가 먹고 싶은 메뉴를 선택하는 것이 아니라 토하기 쉬운 음식들을 찾게 돼요. 배가 불편하도록 만드는 게 목적입니다. 우유에 오렌지 주스를 섞어 먹는 이상한 조합으로요.

가짜 배고픔: 폭식증

지민이는 유일하게 자신의 마음을 터놓고 얘기하던 남자 친구와 헤어진 후 폭식이 심해졌습니다. 남자 친구를 만나기 전에는 자해와 자살 시도를 많이 해서 입원 치료를 받기도 했어요. 우울증이 그만큼 심했던 겁니다. 부모님은 지민이가 어릴 때 이혼을 해서 엄마와 단 둘이 살긴 하지만 서로 따뜻한 정서적 교류는 없었습니다. 엄마는 지민이가 자살 시도나 자해를 할 때마다 오히려 화를 내고 욕을 할 정도였거든요. 다른 형제도 없었기 때문에 지민이는 늘 외롭고 고립된 생활을 이어왔습니다. 학교를 다닐 때도 친구들에게 이용을 많이 당하고 진정한 우정은 경험하기 힘들었다고 해요. 그래서 남자 친구를 더 전적으로 의지했어요.

헤어지고 얼마 되지 않아 지민이는 매일 폭식을 했습니다. 처음에 구토는 하지 않았지만 너무 많이 먹다 보니 자연스럽게 토하게 되었다고 합니다. "선생님, 먹어도 먹어도 배가 허전해요. 배가 부른 걸 잘 모르겠어요. 먹지 않고 있으면 너무 외롭고 공허하고 미칠 것만 같아요. 제가 뭘 먹고 있는지 잘 모를 때도 많아요. 피자 1판, 밥 1공기, 과자, 빵, 과일, 그냥 깨어 있는 동안은 계속 먹고 토하는 거예요. 나중에 먹은 걸 확인하고 나서야 제가 폭식했다는 걸 알게 돼요. 하지 말아야지 하는데 전혀 조절이 안 되거든요. 배가 부른 느낌이 뭔지 잘 모르겠어요. 이제는 어떻게 먹어야 하는지도 잘 모르겠어요."

지민이의 사례는 대표적인 정서적 배고픔을 잘 말해 주고 있습니다. 쉽게 말해서 신체가 배고픈 것이 아니라 마음이 고픈 것입니다. 정서적 허기지요. 제3자의 눈으로 관찰하면 잘 보이지만 당사자는 구별하기가 참 어렵습니다. 지민이가 말한 것처럼 정말 배부른 감각이 느껴지지 않기 때문입니다. 음식이 들어가도 배가 허전하다고 느끼는 것이지요.

이처럼 식이장애가 있는 사람들의 배고픔과 배부름의 신체 감각은 왜곡되어 있습니다. 힘든 감정들을 누르다 보면 감각 자체가 전체적으로 무뎌지거든요. 내가 무엇을 경험하는지, 내 몸이 어떤 감각을 느끼는지 알아차리기 힘든 상태입니다. 대체적으로 거식증은 배부름의 감각에서, 폭식증은 배고픔의 감각에서 취약하다는 것이 차이점이라 볼 수 있습니다.

'배고픔'과 '배부름' 알아차리기

*

일단은 나의 배꼽시계가 고장 났다는 것을 받아들여야 합니다. 내가 지금 느끼는 배부름과 배고픔의 감각을 믿지 말아야 해요.

가장 먼저 점검해 봐야 할 것은 '내가 객관적으로 제대로 먹고 있는가?'입니다. 다이어트 식단과 비교하지 말고 정말 영양가 있게 적당한 양을 먹고 있는지를 보라는 것이지요. 거식증, 폭식증을 갖고 있는 분들은 차이점은 있지만 식사의 균형이 깨져 있다는 공통점이 있기 때문입니다.

은지는 평소에 절식에 가깝게 먹다가 적당량을 먹는 패턴을 갖고 있었습니다. 그 적당량을 너무 많이 먹은 것으로 잘못 해석하여 극단적인 폭식과 구토로 이어지게 되는 것이지요. 오히려 일주일 단위로 전체적인 총량을 봤을 때 적게 먹고 있었다는 사실을 먼저 받아들여야 했어요. 폭식증인 지민이도 마찬가지입니다. 폭식증이 심한 사람들은 먹는 것과 생활하는 것의 구분이 전혀 없습니다. 온통 생활이 폭식으로만 가득 차 있기 때문입니다. 그렇기에 스스로 세끼의 구분 없이 하루 종일 먹는 것에만 매여 있다는 사실을 받아들여야 합니다. 인정이 되었다면 내가 배부르고 배고픈 감각을 어떻게 잘못 해석하고 있는지 살펴보아야 해요.

물론 이렇게 한 번 깨달았다고 해서 바로 식사 습관이 고쳐지는 것은 아닙니다. 그러나 이런 관찰이 계속 반복된다면 분명 어느 순간, 어느 지점에서 멈추는 단계가 옵니다. '아, 적당히 배부

르네. 여기서 멈춰야겠다. 살이 찌는 신호가 아니야. 괜히 폭식해서 나를 괴롭히지 말자. 그래도 불안하네. 불안하니까 일단 밖에 나가서 산책을 하고 올까?' 하는 식으로요. 누가 가르쳐 주지 않아도 스스로 그 불안을 달래 줄 건강한 방식을 찾아 자신을 돌보기 시작하면 됩니다. 그럼 감정 조절이 되는 단계에 이르렀다고 봐도 돼요.

마지막으로 한 가지 다시 강조하고 싶은 것이 있습니다. 나의 잘못된 배고픈, 배부른 감각을 알아차리고 건강한 대안을 발견하고 그것을 실천하는 과정은 단기간에 이뤄지지 않는다는 것입니다. 또 개인차가 있기 마련이고요. 내 심리적인 상처의 깊이가 어떤지에 따라서, 나를 도와줄 수 있는 부모님과 관계의 질이 어떤지에 따라서, 다른 외부적인 환경 조건에 따라 다르거든요. 어떤 사람들은 감각을 구별하고 알아차리는 과정에만 몇 개월이 걸릴 수 있습니다. 건강한 자원들을 개발하고 그것을 내 것으로 만들기까지는 더 인내가 필요합니다. 한번에 안 된다고 너무 조급해 하지 마세요. 배고픔과 배부름을 회복하는 것은 인내와 반복 훈련이 필요하니까요.

④

나만의 독특한 식사 규칙

폭식증이든 거식증이든 상관없이 살찌는 것에 대한 극도의 공포감과 두려움은 식이장애를 갖고 있는 사람들의 공통적인 증상 중 하나예요. 살이 찌지 않기 위해서 자기만의 독특한 식사 규칙들을 정하고 그것을 지켰는지의 여부로 하루의 성공과 실패를 결정하곤 하지요. 독특한 식사 규칙들을 다이어트의 성공 기준으로 잘못 인지하면서 이 규칙들을 온 힘을 다해 지키려고 해요. 이건 개인마다 다르지만 자주 등장하는 독특한 식사 규칙들을 예로 들어 볼게요. 이것은 누가 시킨 것도 아니며 어디서 본 것도 아닌, 스스로 식욕을 누르고 어떻게든 덜 먹기 위해 만든 자신만의 규칙들입니다. 예를 보면서 여러분도 혹시 나만의 강박적인 식사 규칙을 갖고 있진 않은지 떠올려 보세요.

- 6시 이후로는 절대 먹지 않기

- 탄수화물이 급식에서 중복으로 나왔다면 하나만 먹기(예를 들어 반찬에 감자조림이 나왔다면 밥은 먹지 않는 것)
- 칼로리가 분명하게 나온 음식만 먹기(아무리 집 반찬이라도 칼로리를 모른다면 먹지 않는 것)
- 같이 먹는 사람보다 절대 많이 먹지 않기
- 국물의 건더기만 먹기
- 저녁 약속이 있는 날에는 점심은 굶기
- 칼로리를 소비하는 간단한 운동을 하고 그 다음 끼니를 먹기

이 규칙들의 진짜 심각한 점은 여기서 하나라도 어긴 날에는 '아, 어차피 망했다'라는 깊은 절망감과 우울감으로 감정이 가라앉아서 그동안 금지했던 음식들을 폭식하고 구토하는 패턴을 반복하는 것이에요. 여러분도 혹시 이런 패턴을 반복하고 있지는 않은가요?

폭식과 구토 후에는 왜 규칙을 지키지 못했는지에 대해 자신의 의지를 탓하고 자기 비난으로 이어지기 쉽습니다. 이것은 살찔 것이라는 두려움으로 연결되고, 다시 내가 세운 식사 규칙들을 잘 지켜야 한다는 처음 시점으로 돌아가는 굴레를 반복하게 돼요. 객관적으로 봤을 때 사실 위 식사 규칙들에는 융통성이 전

혀 없기 때문에 어길 수밖에 없어요. 이것이 얼마나 말이 안 되는지를 지금부터 천천히 설명해 보겠습니다.

하루 일정이 나만 통제한다고 되는 것이 아니지요. 수업이 다른 때보다 늦게 끝날 수도 있고 차가 막혀서 집에 늦게 오는 날도 있을 것입니다. 그렇기에 6시 전에 모든 식사를 끝낸다는 것은 어려운 일입니다. 때에 따라 그 시간이 7시가 될 수도 있고 또 너무 일정이 빠듯한 날에는 8~9시가 될 수도 있지요. 탄수화물이 중복으로 나왔을 때 먹지 않는 것도 의도적으로 식욕을 누르는 것이나 마찬가지랍니다. 이것은 금지 음식을 정해 놓고 먹지 않는 것이나 다름이 없는데, 내 몸은 사실 감자조림이 먹고 싶은데 밥을 먹었기 때문에 참았다면 그 불만족감이 결국에는 식욕 폭발로 이어질 수 있기 때문이지요. 모든 칼로리를 계산해서 먹는 것도 불가능한 일이에요. 제품에 적혀 있는 칼로리 숫자가 정확하지도 않을뿐더러 그것을 계산해서 먹는 것 자체가 이성으로 식욕을 억누르는 것이니까요. 같이 먹는 사람보다 무조건 덜 먹는 것도 마찬가지입니다. 그 사람이 전날 무엇을 먹었는지, 현재 컨디션이 어떤지 전혀 신경 쓰지 않고 무조건 적게 먹는다는 것은 그 사람보다 화장실을 적게 가야 한다는 것과 마찬가지로 말이 안 되는 규칙이에요. 국물의 건더기만 먹는 것 역시 국의

염분을 걱정해서 먹지 않는다는 이유지만, 이것 역시도 내 식욕을 누르는 것이죠. 상황에 따라 국을 마시고 싶을 때도 있잖아요? 또한 저녁 약속이 있는 날에 점심을 굶는 것도 어떤 때는 가능할 수 있지만, 많은 체력을 소모한 날에는 자칫 폭식으로 연결되는 위험한 시도일 수 있답니다.

이렇게 식사와 관련된 과도한 규칙들은 식욕을 강력하게 누르게 되고 이것은 다시 폭식과 구토, 잘못된 다이어트 집착으로 연결될 수 있어요. 식이장애 증상이 심해진다는 것 이외에도 내가 감수해야 하는 큰 손실은 바로 관계 훼손이랍니다. 이 규칙들을 지키려다 보면 아무래도 외모와 체중에 대한 강박을 겪기 때문에 나의 행복이나 가까운 사람과의 정서적 교류 등의 내적인 연결감에는 관심이 없어지거든요. 또 만남 자체도 꺼려지게 될 수 있어요. 타인과 교류하다 보면 내가 세운 규칙들을 지킬 수 없으니까요. 식사 규칙 안에 갇혀서 지내는 기간이 길어지면 사회적 고립에 처한 자기 자신을 마주하게 될 수도 있어요. 이런 악순환에서 벗어날 수 있는 방법은 내가 세운 식사 규칙들이 건강한 다이어트 방법이 아니라는 것을 빨리 알아차리고, 조금 더 융통성 있게 이 규칙들을 없애 가는 것입니다.

아래의 예와 같이 나만의 식사 규칙이 어떻게 악순환의 고리를 반복하는지 도식으로 표현해 보고, 그로 인해 나와 타인에 대해 어떤 생각을 갖게 되는지도 작성해 보세요.

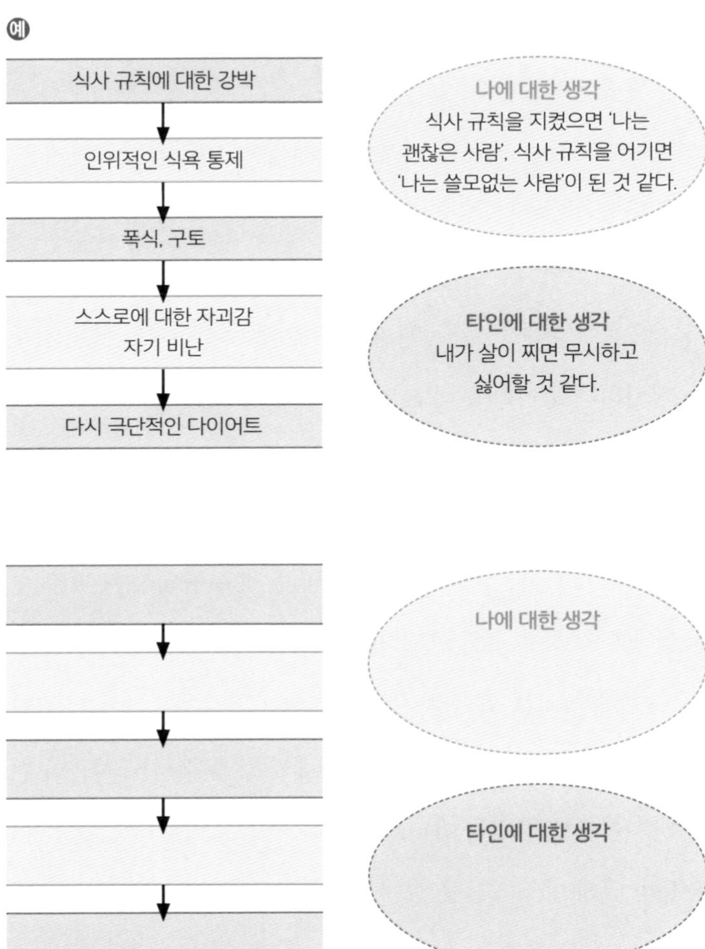

⑤ 프로아나족처럼 마르고 싶어요

"개말라 인간이 되려면 어떻게 해야 하나요?" 민지는 이러한 인터넷 검색을 통해 '프로아나방'을 알게 되었다고 합니다. 프로아나는 찬성을 의미하는 프로(pro)와 거식증을 의미하는 아나(anorexia)가 결합된 신조어예요. 즉 거식증을 동경하는 모임이지요. 이 모임에서는 일명 '개말라' 인간이 되기 위한 정보를 주고받습니다. 엄마 아빠에게 걸리지 않고 먹토하는 법, 변비약 다이어트, 씹고 뱉기 등 말이지요. 극단적인 저체중을 유지하는 것은 정상적인 식사 행동으로는 불가능하기 때문이에요. 민지는 이 방에서 자기 같은 여러 10대 친구들과 "아, 거식증 걸리고 싶다"라는 말을 반복하며 서로 어떻게 하면 안 먹을 수 있을지를 공유했습니다.

마른 체중이 프로아나방에서는 삶의 모든 목표입니다. 꼭 지켜야 하는 8계명이 있을 정도로요. 이것이 식이장애로 발전될 수밖에 없는 위험한 행동들이라는 것을 민지는 몰랐습니다.

첫째, 기름진 음식은 벌 받을 각오하고 먹으라.

둘째, 칼로리는 언제나 계산해야 한다.

셋째, 몸무게 저울이 모든 것이다.

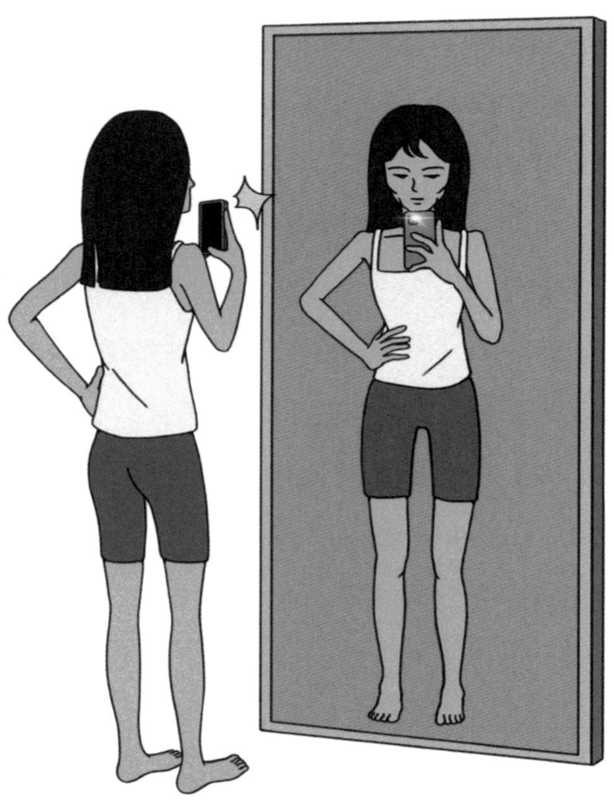

넷째, 살 빼는 게 사는 길, 살찌는 건 죽음이다.

다섯째, 무조건 말라야 한다.

여섯째, 배고플 때는 화장실 청소를 하라.

일곱째, 역겨운 행동을 해서 입맛을 달아나게 하라.

여덟째, 혀를 면도칼로 베어서라도 먹지 말라.

민지도 사실 알고는 있었습니다. 보통 친구들과 다르게 자신이 얼마나 잘못된 방향으로 가고 있는지를요. 그런데 왜 자꾸 프로아나방에 들어가게 되는지에 대해 물었을 때 민지는 망설이지 않고 대답했어요. 이런 규칙들을 매일 지키려는 노력들과 체중과 살에 대한 살벌한 대화를 보고 있으면 '아, 나만 이런 생각을 하는 게 아니구나' 하는 동질감과 안정감을 느낀다고요. 마치 게임 중독에 빠진 친구들이 현실에서는 소속감을 못 느끼는데 게임 안에서 만난 온라인 친구들과는 대화하고 소통하는 것이 좋고 편안해서 자꾸만 게임에 접속하게 되는 것과 비슷한 원리였어요.

프로아나는 왜 위험할까?

*

민지는 학교에서 실제 친구들과 사이가 그리 좋지 못했습니다. 어느 날 민지를 빼고 단톡방을 만들어 친구들끼리 놀이공원에 갔다는 사실에 큰 충격에 빠졌어요. 그것도 SNS를 통해 알게 됐거든요. 민지처럼 현실에서 자신이 감당하기 어려운 심리적 타격을 받았을 때 다이어트를 문제 해결의 방법으로 생각하는 경우가 많습니다. 소외당하지 않을 만큼 예뻐지기 위해서는 일단 마른 몸이 되는 것이 먼저라고 생각하는 거죠. 자신이 느끼는 분노, 불안, 외로움 등 심리적 문제들을 마른 몸을 통해 해결하려고 하니 평범한 체중으로는 만족하지 못해요. 마른 몸이 남들보다 특별하다고 느끼기 때문에 외적인 것으로 자신도 보상받고 남들에게도 멋진 인상을 남기고 싶은 것입니다. 또 직면하기 힘든 트라우마와 심리적 어려움들을 극단적인 마른 몸을 통해 억압할 수 있다는 것도 큰 이점이지요. 대부분 정상 체중까지는 자신이 세운 식단 계획과 운동을 통해 잘 빠지지만 그 이상은 당연히 정상적인 다이어트 방법으로는 불가능합니다. 바로 그럴 때 '개말라'나 '프로아나'라는 용어를 접하게 돼요.

프로아나에 빠져드는 친구들은 많이 우울하고 실제 관계에서 고립된 경우가 많아요. 그렇기에 프로아나라는 자신들만의 목표를 갖고 이야기하는 온라인방은 소속감과 안정감을 느끼게 해 주죠. 또 현실에서는 말도 조심해야 할 것 같고 화가 나도 참아야 한다고 생각했다면, 온라인에서는 익명으로 그냥 막 내질러도 되니 그 안에서 대리만족을 느끼는 것도 큰 장점으로 작용합니다. 평소 다른 사람의 감정과 표정을 민감하게 잘 살피거나 눈치를 많이 봤던 성향이라면 익명인 프로아나방은 더 강점으로 느껴지겠지요. 예를 들어 민지처럼 실제 오프라인에서 자신을 은따시켰던 주동자와 방관했던 친구들에게 쏟아 붓고 싶은 분노를 프로아나방에서 음식과 체중에 대한 주제를 빌려 표출하는 것입니다. 오늘 자신이 세운 규칙을 못 지키고 먹고 말았다는 사람의 글에 자신이 평소라면 하지도 못할 인격 모독적인 댓글을 쓰며 묘한 쾌감도 느끼죠.

프로아나에 깊게 빠져들다 보면 일상생활을 빼앗기게 됩니다. 서로 공유한 정보로 일단 식이장애 증상이 더 심해지겠지요. 그럼 먹고 토하느라, 또는 자신의 몸에 대한 강박 때문에 학교 가는 것이 점점 더 힘들어질 수 있어요. '다른 사람이 날 어떻게 볼까?' 하며 타인의 시선을 신경 쓰는 것도 강해집니다. 그 안에서 감정을 표출하고 소속감은 얻을 수 있을지 몰라도 진짜 공감과

지지가 아니기에 실제 자신의 현실 생활에서는 감정적으로 더 깊은 우울감과 자괴감에 빠지는 거예요. 무엇보다 자신의 내면과 연결을 차단시켜 부정적인 감정들을 더 곪게 만듭니다. 그저 어떻게 하면 비정상적인 저체중을 만들 수 있을지, 어떻게 식욕을 누를 수 있을지에 대한 강박적인 생각들과 체중이 늘면 안 된다는 불안이 여러분의 생각과 마음을 뒤덮기 때문이죠. 결국 나 자신의 모든 것을 잃어버리는 무서운 결과를 얻게 됩니다.

+생각해 보기+

- 혹시 여러분도 거식증에 걸리고 싶다는 생각을 해 본 적이 있나요? 내 몸이 마음에 들지 않아서 체중에 대한 불안과 음식 강박에 시달리고 있다면 이는 마음이 아프다는 신호로 볼 수 있어요. 은지처럼 음식과 체중 이외에 다른 주제로 힘든 것은 없는지 찬찬히 나의 마음을 살펴보세요.
- 내가 지금 식이장애 증상을 가진 채로 다이어트를 하고 있다고 생각하나요?

×질문×

Q 마르고 싶어서 다이어트를 하는 정도여도 식이장애인가요?

A 여러분과 같은 10대에는 성 호르몬이 분비되고 2차 성징이 시작되니 내 외모와 몸에 관심을 갖는 것이 당연합니다. 물론 마르고 싶고 예뻐지고 싶은 것도 너무나 당연한 욕구이고요. 그런데 식이장애 증상의 첫 출발이 대개 이러한 평범한 동기, 예뻐지고 싶고 마르고 싶어서 하는 다이어트에서 시작된다고 하니 많이 혼란스러울 것 같아요.

그렇지만 구분하는 방법은 의외로 간단합니다. BMI 체질량 지수에서 저체중을 고집하고, 체중계의 숫자와 나의 존재 가치를 동일시하고 있다면? 위험하다는 신호입니다. 또 많은 경우 나의 생활과 생각 대부분이 다이어트로 향하고 있다면 그것 역시도 식이장애가 시작되고 있다는 위험 신호예요. 극단적으로 칼로리를 줄여서 적게 먹는데도 살찔까 봐 두려워하고 있다면 식이장애 증상을 의심해 보아야 합니다.

건강한 다이어트를 하고 있다면 절대로 체중과 음식의 양에 따라 자신의 존재감이 왔다 갔다 하지 않아요. 물론 건강한 다이어트도 욕심을 내다 보면 일정량의 칼로리를 섭취하지 않아서 폭식과 과식이 나올 수 있어요. 그런데 이때 식이장애인지 아닌지의 가장 큰 차이점은 과식과 폭식을 했더라도 자괴감에 빠지거나 자신을 비난하지 않는 것이에요. 그럴 수도 있지 하면서 그 다음날 다시 양을 더 늘려서 먹거나 운동으로 균형을 찾아가려고 하면 됩니다.

정리하자면 식이장애는 체중과 음식이 여러분의 존재감, 그날의 감정, 또 그로 인한 감정 조절의 기능을 감당하게 되는 상태입니다. 여기서 중요한 차이점이 존재합니다. 식이장애로 발전되려면 무리한 다이어트만으로는 부족합니다. 식이장애를 다이어트장애로 부르지 않는 이유도 마찬가지지요. 무리한 다이어트로 인해 시작되는 경우가 많지만 그것이 다이어트의 문제만이 아니기 때문입니다.

마른 몸을 동경한다 할지라도, 30kg대의 체중을 유지하는 것은 아무나 할 수 있는 일이 아니랍니다. 물론 무리한 다이어트로 체중이 갑자기 빠질 수도 있고, 폭식이 나올 수 있어요. 그러나 이것이 3개월 이상 지속이 된다면 식이장애로 의심해 보아야 합니다. 다이어트만의 문제였다면 30kg대까지 절대로 체중을 뺄 수도 없습니다. 일단 몸이 못 버티기 때문에 대다수는 어느 적정선에서 멈추게 되지요. 그러고는 다시 먹기 시작합니다. 폭식증도 마찬가지입니다. 폭식과 여러 제거 행동이 계속 지속된다면 이것은 더 이상 다이어트의 문제가 아니에요. 처음에는 먹는 문제, 다이어트로 시작되었기에 분별하기 어려울 수 있어요. 그러나 과정을 거치다 보면 이것이 식이장애인지, 단순 다이어트 부작용인지 알 수 있어요. 바로 나의 의지로 조절할 수 없는 단계입니다. 무리한 다이어트, 폭식, 구토, 운동 강박, 하제 사용 등을 멈출 수 없는 상태이지요. 내 삶이 무너지고 있는데도 말입니다.

이렇게 식이장애로 발전되고 유지되기까지는 매우 복잡한 심리적 요인들이 얽혀 있습니다. 다이어트 문제는 겉에서 보이는 빙산의 일각이에요. 그 안에는 가족 간의 깊은 갈등, 억압된 분노, 대인 관계의 어려움, 낮은 자존감, 완벽주의 등 여러 심리적 부분들이 들어 있답니다. 즉 무리한 다이어트로 출발했다하더라도 식이장애를 생기게 하는 원동력은 바로 마음의 문제입니다.

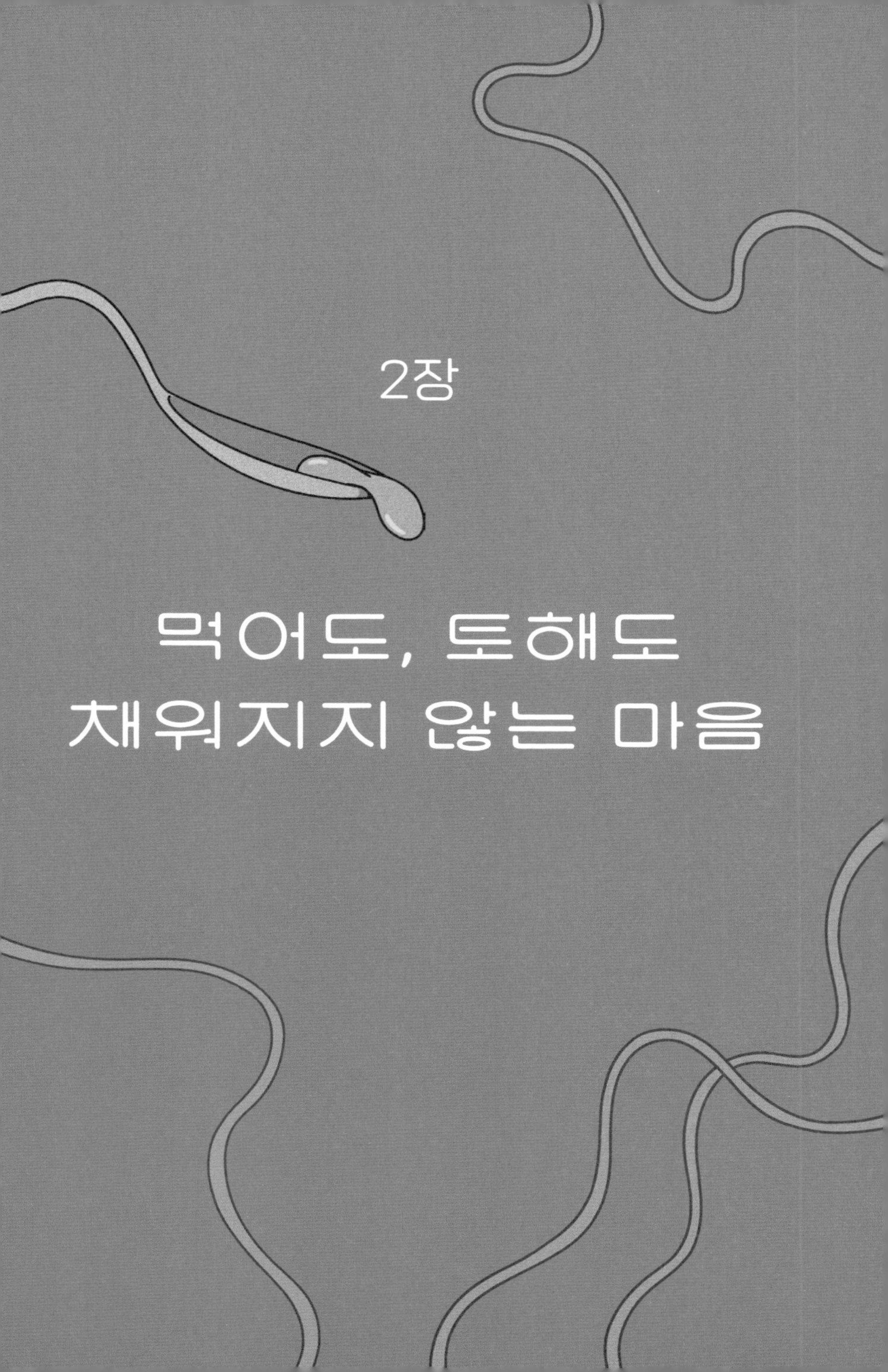

2장

먹어도, 토해도 채워지지 않는 마음

①

공부도 1등, 몸도 제일 말라야만 해! : 대인 관계, 완벽주의

고1인 희지는 전교 1, 2등을 놓쳐 본 적이 없는 소위 말해 모범생이었어요. 초, 중학교를 거쳐 지금까지도 상위권을 유지했죠. 희지의 일상은 학교, 학원, 과외, 독서실을 오가는 틀 안에 갇혀 있었어요. 노는 것도 시간이 아까웠기 때문에 목적 없이 친구들을 만나는 것은 희지 인생에서 있을 수 없는 일이었죠. 늘 학원, 과외 스케줄이 있었고 끝나고는 숙제를 하느라 정신이 없었어요. 시험이 끝나고도 그 다음 시험 준비를 해야 했기 때문에 희지에게는 365일이 늘 긴장의 연속이었습니다. 그러던 중, 2차 성징이 시작될 무렵인 초등학교 6학년 때 희지는 더 이상 1등인 공부만으로는 자신이 최고가 될 수 없다는 것을 알게 되었습니다. 주변 친구들이 외모와 몸에 관심을 갖기 시작하면서 마르고 예쁜 친구들이 주목을 받기 시작했거든요. 심지어 반 아이들은 누가 제일 마르고 예쁜지 인기투표까지 했어요. 희지는 좀 동글동글하고 통통한 체격이기도 했고 외모 꾸미기에 관심이 없었기 때문에 인기투표에서는 이름조차 나오지 않았어요. 희지는 자신이 주목을 받지 못한다는 것이 속상하고 견디기 어려웠습니다. 주변의 관심을 받지 못하자 자신의 존재가 부족하고 남들보다 못한 사람이라고 느껴졌던 거예요.

그날부터 희지는 열심히 다이어트를 했습니다. 처음에는 남들처럼 건강하게 살을 뺐지만 하다 보니 점점 욕심이 생기기 시작했어요. 이왕 하는 거 공부처럼 다른 친구들이 흉내도 못 낼 만큼 1등으로 마르고 싶다는 생각이 들었어요. 공부도 1등, 몸도 1등으로 말라서 친구들에게 '와, 희지 대단하다!'라는 칭찬을 받고 싶었거든요. 희지는 공부든 몸이든 남들보다 완벽하게, 1등이 아니면 나라는 존재는 아무런 의미가 없다고 생각했습니다. 등수나 체중이 곧 자기 자신을 말해 준다고 믿었던 거예요.

그런데 거식증이 되고 체중이 내려가자 희지는 더 이상 예전처럼 공부에 집중하기가 힘들어졌습니다. 책을 보는 것도 어렵고 심지어 학교에서 수업도 귀에 들어오지 않았어요. 당연해요. 먹는 양이 너무나 부족했기 때문입니다. 그러면서도 비정상적인 저체중을 유지하기를 원했습니다. 이렇게라도 말라야 자신의 자존감을 유지할 수 있다고 믿었으니까요.

대인 관계에 대한 목마름과 완벽주의

*

희지는 상담에서 친구 관계를 맺는 방법을 알려달라고 말했어요. 어릴 때부터 친구는 경쟁에서 이겨야 하는 존재라고 엄마에게 귀에 못이 박히도록 들었거든요. 유치원 때부터 엄마는 "옆집에 걔는 이번에 영어 어디까지 했다더라. 너는 걔 보면서 아무 생각이 안 드니?"와 같이 특정 인물과 비교하며 희지를 깔아뭉개는 말을 해 왔습니다. 게다가 엄마는 다른 사람을 끌어들이며 그 사람의 외모와 몸, 능력을 비하하는 인신공격에 가까운 말들을 일상에서 쏟아 냈죠. 희지는 '아, 엄마한테 저런 욕을 먹지 않으려면 나는 더 피나는 노력을 해야 하는구나' 하고 생각하게 되었고요. 실제로 성적이 떨어지거나 조금만 살이 찌면 엄마는 냉소적으로 돌변하며 희지를 몰아세웠습니다. 그렇다 보니 당연히 희지에게 친구란 밟고 일어설 존재이기에 친구와 어떤 입장에서 대화를 해야 할지 알 수 없었어요. 친구들과 관계를 유지할 수 있는 방법은 친구들에게서 부러움과 동경을 얻는 것 뿐이었어요. 공부나 보이는 모든 면에서 완벽해야 친구들이 자신을 대단하다고 칭찬할 테고, 그래야 친구들이 자신을 무시하지 않을 거라고 생각한 것이죠. 희지에게 우월함을 유지하는 것은 친구들에게서 자신이 고립되지 않을 수 있는 유일한 방법이었어요.

자기 자신과 건강하게 만나기

*

희지처럼 완벽주의에다가 보이는 것에 집착하는 친구들은 먼저 현재 나의 내적 상황을 한번 점검해 보세요. 내가 얼마나 보이는 것에 집착하며 내 존재 자체를 숫자와 같은 것으로 연관시키고 있는지를요. 예를 들어서 이런 것들입니다.

- 성적이 높게 나오면 내가 괜찮은 사람이 된 것 같고, 낮게 나오면 내가 쓸모없는 사람이나 무가치한 사람으로 느껴진다.
- 체중계의 숫자에 따라 나의 자존감이 왔다 갔다 한다.
- 성적과 체중, 그 무엇이든 1등이나 최고가 아닌 나는 받아들이기 어렵다.
- 내가 속한 그룹에서 최고가 되서 찬사를 받고 싶은 욕구가 강하다.

그 다음으로, 완벽주의와 비교하기가 얼마나 심한 상태인지 살펴보세요. 심할 수록 결론은 남들보다 나는 못하고 있다는 자기 비난이나 비하로 연결되어요. 예를 들어 볼게요.

- 매사 지나치게 높은 기준을 자신에게 들이대나요?
- 목표를 이루기 위해 세운 계획이 틀어지거나 그 양을 채우지 못하면 심하게 자책하거나 스스로를 비난하나요?
- 내가 세운 계획들이 틀어지면 원하는 결과가 나오지 않을까 봐 심하게 불안한가요?
- 사소한 실패도 받아들이지 못해서 모든 것이 다 망했고, 사람들이 다 나를 욕할 거라는 극단적인 사고로 쉽게 연결되나요?
- 조금이라도 틈이 생겨 목표한 양을 채우지 못했을 때 '남들은 지금 어디까지 공부하고 있을 텐데', '남들은 지금 얼마나 앞서 가 있는데' 하면서 늘 자신과 친구들을 비교하고 있나요?
- 사소한 실수도 용납하지 못하고 '다른 애들은 더 잘할 텐데 나는 이게 뭐지' 하면서 계속 머릿속으로 실수를 되짚으며 자책하나요?

완벽주의와 비교하기는 거의 짝꿍처럼 붙어 다녀요. 무조건 살이 찔까 봐, 좋은 성적이 나오지 못할까 봐 불안해하고 무서워하는 것은 완벽주의와 비교하려는 마음에 압도된 상태라고 보면 됩니다. 그렇기에 일단 이런 두 가지 마음이 얼마나 나의 내면을 장악하고 있는지 관찰해 보는 것이 중요해요. 나의 내면에 무슨 일이 벌어지고 있는지 아무런 편견과 판단 없이 있는 그대로 관찰해 보는 것을 '관찰하는 셀프'라고 부릅니다. 이것은 4장에서도 계속 나오는 개념이에요. 다른 사람들의 칭찬이나 반응에 흔들리지 않고 진짜 자기 자신이 되기 위한 가장 중요한 요소가 바로 관찰하는 셀프를 키워 가는 것입니다.

여러분은 소중하고 사랑하는 사람에게 어떻게 다가가나요? 그 대상이 어떤 생각을 하는지, 어떤 감정을 느끼는지, 어떤 자극

에 행복하고 힘들어하는지, 그 사람의 마음을 알고 싶어서 있는 그대로 상대방의 감정과 생각을 공유하고 싶을 거예요. 이처럼 나 자신이 된다는 것은 결국 내가 사랑하는 사람의 마음을 알고 싶고 듣고 싶어 하는 것을 나에게 똑같이 해 주는 일입니다. 외부의 반응이나 칭찬에 집중하기보다는 바로 내면의 목소리에 집중하는 것이죠.

- 내가 현재 어떤 생각을 하고 있는지
- 내가 현재 어떤 감정을 느끼고 있는지
- 내가 현재 어떤 신체 감각을 느끼고 있는지
- 내가 현재 어떤 자극에 어떻게 반응하고 있는지

나의 내면의 목소리에 다정하고 친절한 태도로 집중하고 들어준다면 정말 여러분이 원하는 진정한 욕구에도 주의를 기울일 수 있게 됩니다. 타인에게 돋보이고 관심을 받기 위해 나라는 존재가 태어난 것이라면 너무 슬프잖아요. 내 인생인데 나라는 사람은 거기 없는 것과 마찬가지죠. 혹시라도 내가 제일 말라야 하고 그것으로 자꾸 인정받으려고 한다면, 왜 그토록 내가 타인의 반응과 칭찬에 매달리는지 내 마음을 한번 점검하면 좋을 것 같아요.

마음을 점검할 때 팁을 주자면, 완벽주의와 비교하기는 희지의 사례처럼 보통 가족 관계에서 출발하는 경우가 많답니다. 중요한 애착 관계에서 성취 또는 보이는 숫자와 상관없이 있는 그대로 존중받고 사랑받은 경험이 충분한지 여러분의 인생 전체를 가족 관계 안에서 한번 살펴보면 좋을 것 같습니다.

②

말라야 사랑받을 수 있어 : 애정 결핍

중학교 2학년인 지은이는 1학년 여름 방학 때 163cm/60kg에서 46kg까지 거의 굶다시피 하면서 독하게 살을 뺐습니다. 폭식과 구토가 생기면서 현재는 50kg이 되었는데, 지은이는 앞자리가 5가 된 사실이 너무 무섭고 두려웠죠. 어떻게든 다시 42kg까지 만들어서 부모님과 친구들에게 보란 듯이 내보이고 싶은 마음 밖에 없었어요. 분명 50kg은 지은이 키에 마른 몸이 분명하지만, 지금 이 체중으로는 개학을 해서 친구들을 보기가 너무 부끄럽다고 했습니다. 살찐 자기를 보고 분명 뒤에서 욕하고 싫어할 거라고요. “내가 살이 찌면 친구들이 날 무시할까 봐 싫어요. 딱히 놀림을 받은 적도 없고 애들이 날 위해서 58kg이었을 때 좀 빼면 좋을 것 같다고 그냥 솔직하게 얘기해 준 거에 저 혼자 상처를 받는 거예요. 제대로 먹으면 계속 살이 쩔 것 같아요. 그리고 제 친구들은 다 말랐어요. 개학했는데 걔네는 다 마르고 나만 혼자 살쪄 있을까 봐…. 그게 너무 무서워요!"

친구들이 다 말랐고 급식도 잘 안 먹는다고 하니 그 영향도 물론 컸을 겁니다. 10대라면 2차 성징이 일어나면서 외모나 몸에 관심이 많을 때니까요. 더군다나 SNS에 너무 마른 아이돌, 연예인, 일반인들의 사진이나 영상이 많으니 친구들의 주된 대화 주제는 다이어트였습니다. 이런 사회문화적 분위기가 지은이뿐 아니라 많은 친구들에게도 좋지 않은 영향을 끼치는 것은 분명합니다.

그렇지만 지은이가 필사적으로 살을 빼려고 매달리는 이유는 따로 있었습니다. 진짜 원인은 가족 안에서 자신이 특별한 존재, 사랑받는 존재라고 느끼지 못하는 것에 있었습니다. 지은이 부모님을 비롯한 특히 외가쪽 이모들은 여성을 볼 때 외모나 몸을 중요하게 여기는 분들이었어요. 그런데 지은이는 어릴 때부터 통통한 체형이었고 3살 어린 여동생은 엄마를 닮아서인지 마르고 다리도 가늘었다고 해요. 그러다 보니 어른들은 마르고 예쁜 동생에게만 "예쁘다", "왜 이렇게 말랐니"라는 인사를 건네고 관심을 주었죠. 지은이가 관심을 끌기 위해서 애교를 부리거나 과장된 행동을 하면 왜 어린애처럼 구냐며 오히려 꾸지람을 들었습니다. 지은이는 3살 차이지만 의젓한 언니의 책임감 있는 모습을 보여야 칭찬을 받을 수 있었어요. 특히 2차 성징이 시작되는 초등학교 6학년 때는 급격하게 살이 쪄서 가족들과 친척들에게 "넌 예쁘지 않아"라는 메시지를 지속적으로 받았던 시기였습니다. 더구나 외모지상주의가 심했던 이모들은 아직 성장도 다 끝나지 않은 지은이에게 폭언을 퍼붓기 시작했어요.

지은이는 살찐 자기 자신이 너무 싫고 창피하게 느껴졌습니다. 이모들의 반응은 그렇다 치더라도 부모님 역시 지은이의 몸이 문제가 있다는 듯이 먹는 것에 대한 간섭과 몸에 대한 지적을 했기 때문입니다. 부모에게, 어른들에게 사랑받고 인정받기 위해서 그리고 그들에게 뭔가 보여 주고야 말겠다는 분노를 품고 지은이는 정말 죽기 살기로 굶으며 살을 뺐습니다.

지은이의 체중 앞자리가 5가 되는 것에 대한 극도의 불안감은 단순히 체중의 문제가 아니에요. 다시 사랑받지 못하고 비난받을 것에 대한, 바로 생존과 관련된 불안이었습니다. 하지만 지은이의 부모님은 아이가 갑자기 다이어트를 한다고 하더니 이제는 폭식과 구토를 하는 이 상황에서 뭐가 잘못된 것인지 이해하기 어렵다는 반응이었어요. 나중에야 부모님은 정말 지은이를 위하는 마음으로 살에 대한 지적을 해 왔다고 고백하셨어요. 지은이에게 깊은 상처로 남아 식이장애로까지 이어지게 될지는 상상도 못했다고 말입니다.

잘못된 의사소통 방식과 세대 차이

*

왜 그럼 어른들은 지은이에게 동생과 비교를 하며 살에 대한 지적을 한 것일까요? 저는 두 가지 이유에서 생각해 보았어요. 첫 번째는 부모님 역시도 어릴 적부터 가족 안에서 감정을 깊게 나누는 높은 차원의 의사소통이 없었다는 사실입니다. 폭식과 절식, 제거 행동이 감정 조절의 기능으로 사용된다는 말을 기억하나요? 마찬가지입니다. 감정을 표현할 줄 모르고 자녀에게 소소한 대화를 할 줄 몰랐던 할아버지, 할머니도 크게는 전쟁 트라우마, 가난, 가족의 여러 문제들을 끌어안고 상처를 직면하기보다는 억누르며 피하는 것에 익숙했을 거예요. 그 트라우마들을 느끼면 일상생활을 이어나가기 힘들기 때문이죠.

여기서 많은 친구들이 질문을 할 수 있다고 생각해요. "저보다 부모님이 더 힘들게 사셨는데도 건강한데 저는 왜 식이장애에 걸린 거죠? 다른 집에 비해 우리 부모님은 엄청 잘 대해 주시는데 저는 왜 유난히 힘든 거죠?" 상담 때 제가 가장 많이 받는 질문이기도 해요. 같은 맥락에서 부모님이 그렇게 자녀에게 이야기하기도 하고요. 더 힘든 일도 많이 겪은 우리는 잘만 극복하고 살았는데 너는 왜 이렇게 약해서 식이장애에 걸렸냐고요.

그렇지만 이건 완전히 틀린 말이에요. 부모님이 식이장애에 걸리지 않았다고 해서 과연 건강한 상태였을까요? 여러분 또래의 10대 청소년들을 상담하다 보면 당연히 부모님을 만나게 되는데요. 저는 부모님의 원가족에서 겪었던 어려움들이 현재 어떻게 자녀들에게 부정적인 요소들과 감정적인 병으로 이어지고 있는지 볼 수 있었어요. 부모님이 단순히 식이장애 증상이 없다고 해서 괜찮은 것이 아니라는 뜻이죠. 부모님이 참고 있는 마음의 병은 절대로 그냥 없어지지 않아요. 여러분에게 다양한 방식으로 어떻게 해서든 고스란히 전달됩니다. 비언어적인 행동이나 표정, 또는 언어적으로 들리는 말투로든요. 겉으로 보이는 부부 갈등의 불화, 폭언, 폭력, 알코올 문제, 정서적 방임뿐만 아니라 부모의 비난적인 말투, 자녀를 원하는 대로 통제하려고 하는 태도, 말은 괜찮다고 하면서도 행동은 화난 사람처럼 보이는 이중 메시지, 곁을 내주지 않는 냉담함과 같은 것들도 다 여러분에게 내적인 불안을 일으키는 요소들로 작용합니다. 또 마음은 주관적인 경험이기에 내가 다른 친구들보다 더 나은 환경에서 산다고 해서 심리적인 고통을 덜 느껴야 하는 것도 아니랍니다. 부모를 포함해서 한 사람이 평생 동안 자신의 감정을 누르며 살아왔다면, 자신 역시 상대방의 감정을 묻는 것 자체가 어려워져요. 내 것을 못 느끼는데 상대방 것이 보이고 느껴질까요? 때문에 그저 눈에 보이는 외모, 돈, 직업, 학벌 이런 것에 치중하며 그것에 중심을 둔 대화를 하게 됩니다.

두 번째는 남성의 시각에서 자꾸만 여성을 평가하는 관점, 즉 여자는 예뻐야 잘 살 수 있다는 가부장적인 믿음 때문이에요. 여성의 외모에 대한 평가도 많은 가정에서 세대 간에 이어져 오는 부정적 요소 중 하나랍니다. 이건 한국 유교 문화 안에서 대대로 이어진 어떤 집단 무의식 같은 거예요. 뚱뚱한 여성보다는 마르고 예쁜 여성이 사회적으로 더 유리한 위치를 잡을 수 있다는 것입니다. 그렇기에 부모님과 이모들이 지은이에게 했던 말들은 독이 되고 다른 사람들에 대한 불신까지 갖도록 만들었죠.

비난을 이겨내고 건강하게 자신을 지키는 법

*

만일 여러분 주변의 가족이나 친척, 친구들에게 지속적으로 외모나 살에 대한 지적을 받는다면 이렇게 사고의 흐름을 거쳐 보는 걸 추천해요.

0단계 내 몸이나 외모의 문제 때문에 그런 지적을 받은 것이 아니라는 것을 먼저 인식해야 해요. 마음으로 믿어지지 않더라도 이성적으로 이러한 올바른 개념을 갖고 있어야 합니다. 몸이나 외모에 대한 평가를 하는 것 자체가 사실 타인의 경계를 침범하는 굉장히 무례한 언행이랍니다.

1단계 내 몸과 외모의 문제가 아닌데 갑자기 침범한 타인의 말에 내 기분이 무척 상했다는 사실을 스스로 존중해 줘야 합니다. 내가 이렇게 살이 쪘으니 그런 말을 듣는 게 당연한 것이 아니니까요. 그리고 할 수 있다면 당신의 그런 말로 인해 내 기분이 얼마나 상했는지 표현하는 것도 필요해요.

2단계 그런데 만일 상식적으로 상대방이 사과하지 않고 여러분을 더 비난하고 수치심을 자극하는 말을 한다면, '아, 이 사람이 내면에 해결되지 않은 것들이 많구나' 하고 일단 선을 그어야 합니다. 건강한 소통이 잘 안 된다고 판단하면 됩니다.

3단계 그 대상이 만일 선을 그어도 매일 보고 같이 생활해야 하는 부모님(가족 포함)이라면 부모님을 객관화하는 연습을 해 보길 추천해요. 부모님을 객관화하는 것은 청소년 시기에 조금 어려울 수 있지만 그래도 이런 심리적 훈련을 청소년 시기부터 해 본다면 성인이 되어서는 더 건강한 내면을 갖게 될 거예요. 이런 항목들을 살펴보세요.

- 우리 부모님의 부부 관계는 어떠한가요?
- 부모님이 평소 정서적 교류를 원활하게 잘하고 있나요?
- 부모님이 사용하는 언어 습관들에는 어떤 종류의 언어가 많이 담겨 있나요?
- 평소에 여러분과 대화할 때 나의 마음을 살펴주고 보듬어 주는 내용들이 담겨 있나요? 아니면 눈에 보이는 성적, 학원 스케줄, 외모, 살에 집중되어 있나요?
- 부모님 각각 원가족의 분위기는 어떠한가요?
- 할아버지, 할머니와 엄마, 아빠의 관계는 편안하게 보이나요?
- 우리 가족 대대로 내려오고 있는 특유의 신념과 마음의 병에는 어떤 것들이 있나요?

4단계 결국 3단계에서 알게 된 마음의 병들이 나와 건강한 소통을 이어갈 수 없게 하는 것이라는 점을 받아들이고 자신을 다독여 줘야 합니다.

물론 4단계가 쉽지는 않을 거예요. 아마 많은 친구들이 0단계에서 막힐 수도 있어요. 살이 찐 내가 잘못된 것이라고요. 그렇지만 많은 성인 내담자분들이 치료가 잘 마무리되었을 때 꼭 얘기한답니다. 가족이나 친구들에게 살과 외모에 대한 비난을 받았던 그때의 청소년인 나는 아무런 문제가 없었다고요. 오히려 귀엽고 사랑스러웠다고 말이에요. 어렵겠지만 여러분도 4단계에 자신을 대입해 보면 좋겠습니다.

③ 아무도 나를 이해해 주지 않아 : 박탈감, 공감 부족

거식증에서 체중을 회복하고 있던 중3 한별이는 점차 가족들이 먹는 것을 통제하기 시작했습니다. 특히 여동생이 자기보다 적게 먹는 것을 참을 수가 없다고 했어요. 한번은 엄마가 한별이는 체중 회복을 해야 하니 밥을 많이 먹으라고 하고, 동생은 적게 먹어도 내버려두자 분노가 폭발했습니다. 동생이 자기만큼 먹지 않으면 안 먹겠다고 울고 소리를 질렀어요. 하는 수 없이 동생은 언니한테 맞춰 주기 위해서 그 밥을 다 먹을 수밖에 없었습니다. 그날 이후로 한별이는 부쩍 동생의 식사에 간섭하는 것이 심해졌어요. 자기보다 밥 양이 적다, 반찬을 골고루 먹지 않는다, 과일을 먹지 않는다고요. 급기야 동생 간식을 만들어 주겠다며 본인은 안 먹는 달고 기름진 간식들을 동생이 먹게끔 했죠. 동생은 물론이고 엄마, 아빠도 한별이가 만들어 주는 간식을 배가 불러도 참고 먹을 수밖에 없었습니다. 가족들이 거절하거나 먹지 않으면 바로 그 다음 식사에서 음식을 먹지 않고 자신이 화가 났다는 것을 표현한다거나 새벽에 먹고 토하는 것을 심하게 반복하면서 가족들을 괴롭혔기 때문입니다.

한별이도 이런 자신이 싫고 이해가 되지 않았어요. 또 아무런 죄도 없는 동생과 부모님을 괴롭히는 것에 심한 죄책감을 느껴 마음이 너무 힘들다고 호소했습니다. 자신과 가족들에게 익숙한 한별이의 원래 모습은 순응적이고 타인의 입장과 감정을 아주 잘 배려하는 착하고 모범적인 아이였습니다. 화내고 협박하고 울고 떼쓰는 모습은 가족들 뿐 아니라 한별이 자신도 너무 이상한 낯선 모습이었죠. 더군다나 먹는 것으로 말이에요.

여러분도 혹시 체중 회복 과정에서 한별이와 비슷한 모습이 나타나서 당황스럽고 힘든 시간을 보내고 있진 않은가요? 아마 서로 공유를 하지 않아서 그렇지 비슷한 친구들이 많을 거예요. 특정 가족 구성원이 나보다 더 적게 먹는 것에 화가 나서 가족의 먹는 양까지 통제하고 간섭하는 행동은 거식증 치료 과정에서 나타나는 공통적인 식이장애 증상이거든요. 여러분은 식이장애 전문가가 아니니 스스로 비난하고 자책했을 것 같아요. 남몰래 혼자 울었을 여러분의 모습이 상상되어 마음이 짠해집니다.

질투

*

가족의 먹는 것을 간섭하고 통제권을 가지려는 한별이의 이러한 행동은 인간의 당연한 감정인 '질투'와 억압된 '분노'를 담고 있습니다. 보통 이러한 증상은 개인마다 다르기는 하지만 어느 정도 먹기 시작하면서 당사자가 신체적으로 힘이 생길 때 나타나기 쉬워요. 심각한 저체중 상태에서 너무 먹지 못할 때에는 모든 감정을 꽉 누르고 있기에 분노뿐만 아니라 좋은 감정들도 느낄 수가 없습니다. 몸에 기력도 없고 칼로리 강박이 너무 심한 상태라 머릿속에는 하루 종일 음식 생각만 가득하지요. 배고프지만 참아야 하기 때문입니다. 이로 인해 내면과의 연결이 아예 차단된 상태이기에 감정을 느낄 여유가 없어요. 그래서 아직은 저체중이지만 식욕을 풀어 주고 있을 때 한별이와 같은 증상들이 생기기 쉽습니다. 이때는 오랜 시간 몸이 기아 상태에 있었기 때문에 적당한 1인분의 양, 보통의 청소년들이 먹는 2200~2500칼로리를 먹어서는 몸에서 만족하지 못합니다. 또 이렇게 먹는다 해도 절식으로 무너진 몸의 구석 구석을 복구시켜야 하기 때문에 체중이 늘기도 어렵습니다. 그래서 이때는 일정 기간 동안 3000~4000칼로리 이상을 먹게 됩니다. 하루 세끼 밥을 먹고도 그동안 못 먹었던 과자, 빵, 아이스크림, 초콜릿, 떡, 피자, 치킨, 떡볶이 등 금지 음식으로 여겼던 모든 것들을 한꺼번에 많이 먹게 되는 시기예요. 몸에 기운이 좀 생기면서 자신의 감정, 즉 내면과 다시 연결되기 시작합니다.

이때는 증상을 떠나보내야 하는 애도의 기간이기도 해서, 질투와 시기심의 감정이 건드려지기 쉽습니다. 사람이라면 너무나 자연스럽게 느낄 수 있는 감정이죠. 거식증이 병이라는 것도 알고, 고쳐야 한다는 것은 이성적으로 알지만 내가 정말 힘들게 노력해서 만든 체중이잖아요. 남보다 마른 것을 목표로 삼고 이 악물고 이뤄 냈는데, 스스로 내가 만든 성을 다 무너뜨려야 하는 슬픔의 과정을 거쳐야 해요. 다시 체중이 회복되면 어떤 일이 벌어질지, 살쪘다고 무시 받는 것은 아닌지 사랑받지 못하는 것은 아닌지 매일 매일 두려움과 불안을 느끼면서 말입니다.

그런데 옆을 보니 나는 살을 찌우기 위해서 먹고 있는데 동생과 엄마는 적게 먹고 있으니 화가 납니다. 여기서 중요한 것은 객관적인 숫자가 아니에요. 다이어트를 하고 있는 다른 가족들보다 내가 더 저체중이더라도 그건 중요하지 않습니다. 여러분이 괴로운 것은 객관적인 숫자가 아니라 내가 느끼는 주관적인 감정이기 때문입니다. 쉽게 설명해서 내가 갖고 싶은 A를 빼앗

겼는데 다른 누군가는 A를 너무나 쉽게 누리고 있다면 질투심과 분노가 올라오지 않을까요?

여기서 증상이 계속 심해지는지, 아니면 자연스럽게 사라지는지를 판단하는 중요한 기준이 하나 더 있습니다. 바로 평소 부모님과의 관계인데요. 부모님과 관계가 좋았고 다른 형제들과도 갈등이 크게 없었다면 이 시기는 그냥 자연스럽게 지나갈 수 있습니다. 계속 강제로 권하는 음식을 먹을 수는 없으니 아마 적당한 시점에서 부모님이나 형제들은 거절하게 될 텐데요. 그럴 때 올라오는 질투, 분노, 불안들을 가족들이 잘 받아 준다면 이 시기를 잘 극복하고 무사히 체중 회복이라는 목표에 도달하게 됩니다.

그렇지만 거식증이 생기기 이전부터 나와 부모님, 형제자매들과의 관계가 편안하지 않았고, 자신의 가족만이 갖고 있었던 잘못된 요인들이 존재하고 있었다면 거식증은 저절로 없어지기 힘들어요. 이유는 간단해요. 내가 겪는 힘든 마음들을 가족들이 알아 주고 받아 주기 어렵기 때문입니다. 그럴 수 있는 여유와 공간이 가족 안에 없기 때문에 자꾸만 먹지 않는 것으로 자신의 감정들을 억압하는 데 에너지를 쓰게 돼요. 그래서 거식증 치료는 가족 안에 원래 자리 잡고 있었던 잘못된 요인들을 함께 치료해 나가는 게 중요하답니다. 식이장애 증상은 가족의 문제들을 다 떠안은 상태에서 가족 대표로 그 증상을 드러내고 있기 때문이에요. 예를 들어 엄마, 아빠 사이에 갈등이 너무 심했고 날마다 언성을 높여서 싸웠다면 그 불안들을 자녀인 여러분이 고스란히 다 흡수하게 됩니다.

분노

*

두 번째로 여러분이 해야 할 일은 내가 그동안 눌러 놨던 분노가 있었는지 살펴보는 것입니다. 내가 평소 친구들에게 아주 사소한 것이라도 다 맞춰 주고 있지는 않았는지 말이에요. '다른 사람들이 날 어떻게 생각할까?' 혹시 예전부터 이런 생각들에 지배당하느라 친구들을 만나도 기가 빨린다는 느낌이 들지는 않았나요? 메뉴를 선택하는 아주 사소한 것부터 놀러갈 장소를 정할 때에도 내 의견대로 했을 때 뒷말이 나올까 봐 친구들이 하자는 대로 늘 따랐다던지 하는 것들이요. 대화를 할 때도 내 얘기를 하기보다는 다른 친구들의 고민을 들어주는 편에 가깝지는 않았나요?

거식증과 분노라는 감정은 아주 밀접한 관련이 있어요. 식욕을 억누르는 것은 단순히 살이 찌기 싫어서 안 먹는 것이 아니라 감정을 누르고 있는 것이거든요. 인간의 가장 기본적인 욕구는 먹는 것인데 그것마저 충족시키지 않는다는 것은 나라는 존재 자체를 억누른다는 뜻이에요. 특히 거식증에 걸리는 친구들은 공통적으로 잘 참는 성격을 갖고 있어요. 그리고 싫은 것이 있어도 티를 내기 어려워합니다.

처음에는 강한 분노가 아니었겠죠. 그렇지만 참는 게 습관이 되고 대인 관계 안에서 모든 것을 다 맞춰 주다 보니 감정의 골이 깊어진 거예요. 마음에 안 드는 게 있으면 타인에게 싫다고, 안 된다고 표현해야 하는데 쉽지 않아요. 이렇게 타인과 의견이 조율되지 못한 시간들이 쌓이고 쌓인다면 어떻게 될까요? 아주 작은 불만에서 시작됐던 것들이 강력한 분노로 내면에 자리 잡게 됩니다. 가족들의 음식을 통제하고 내가 주는 대로 먹지 않으면 화를 내는 것이 바로 이 분노와 연결되어 있어요. 음식을 통해 가족들에게 평소 불만이 있었던 것을 표현한 것이죠.

바로 여기서 더 중요하게 살펴봐야 하는 것이 있어요. 내가 부정적인 감정을 표현했을 때 반응하는 엄마, 아빠의 방식이에요. 가령 아주 어릴 때 영어 유치원에 가기 싫다고 떼를 쓰며 울었는데 엄마가 그 이유도 제대로 물어보지 않고 더 혼을 내는 등의 패턴이 생활에서 반복되었을 수 있어요. 심지어 나만 수업을 따

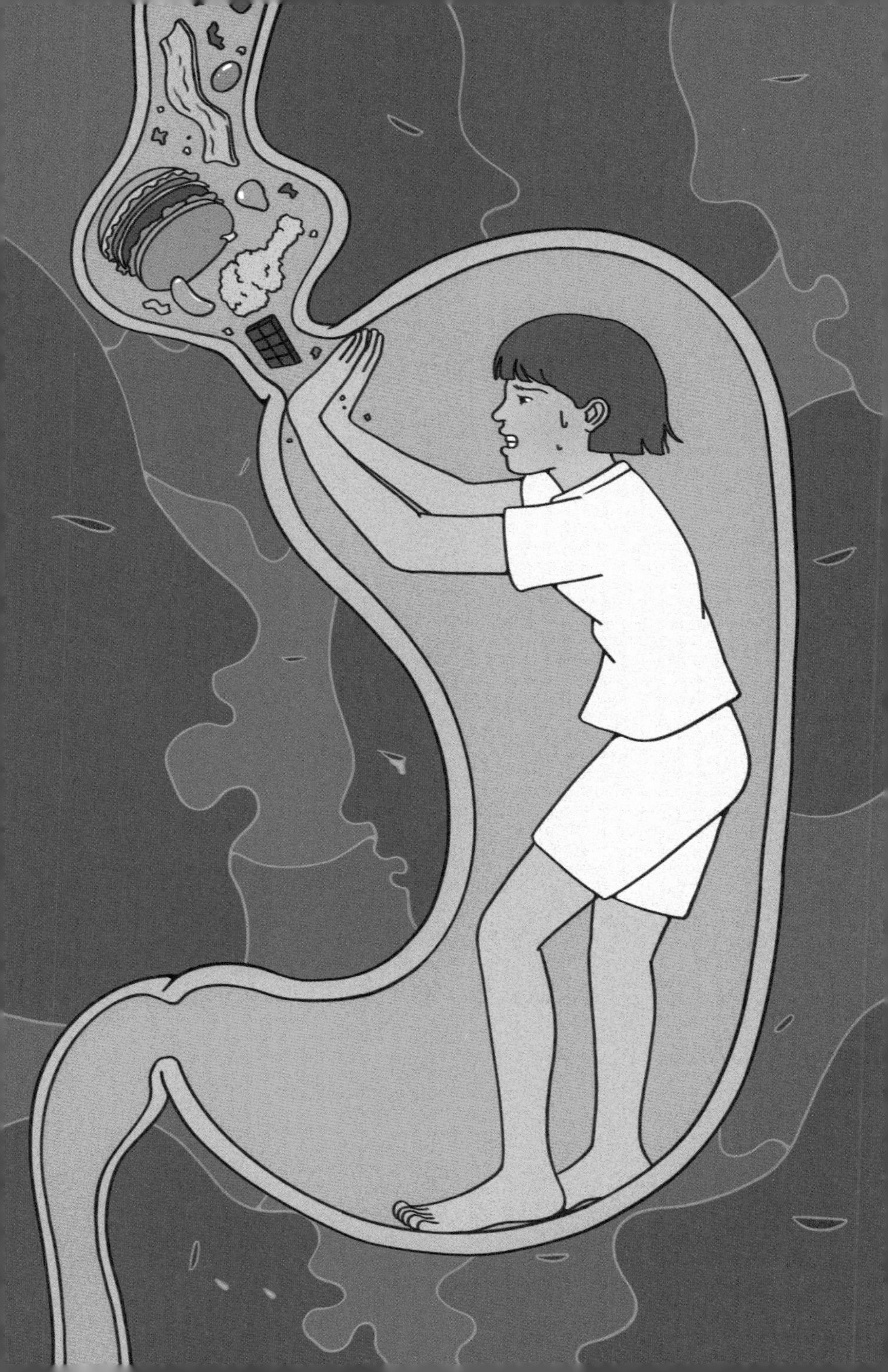

라가기가 어렵고, 또 함께 다니는 애들이 나를 따돌린다고 구체적인 이유를 얘기했음에도 그 말을 무시한다거나 더 혼을 내며 참고 다니라고 했다면 어떨까요? '아, 내가 힘든 감정을 표현해 봤자 소용없구나' 하고 체념하겠죠. 부모와의 1차적 관계에서 부정적인 감정들을 표현했을 때 오히려 비난의 말을 듣고 수치심을 자극하는 상황이 반복됐다면 당연히 친구들과의 관계에서도 내 속마음을 드러내기가 어렵습니다. '말해 봤자 속으로 애들이 이상하게 생각할 거야', '겉으로는 이해한다고 했지만 분명 뒤에 가서는 욕을 하겠지'라는 불신이 생기죠. 버림받지 않고 사랑받기 위해 친구들 표정 하나 하나를 살피고 눈치 보며 맞추게 되고요.

만약 한별이처럼 가족들의 식사를 지나치게 통제하고 내 뜻대로 하지 않았을 때 분노를 느끼고 있다면 나의 자기표현과 자기주장이 얼마나 건강하게 이루어지고 있었는지를 체크해 보세요. 부모와의 관계에서 내가 아닌 것을 표현했을 때 어떻게 반응해 주었는지에 대해 기억나는 어린 시절부터 현재 나이까지 한번 점검해 보는 것이 필요합니다.

④ 다이어트를 해야 나를 통제할 수 있어 : 칼로리 강박

1장에서는 나만의 독특한 식사 규칙과 관련해 인위적인 식욕 누르기가 폭식과 구토로 연결되는 이유에 초점을 두었다면, 이번에는 감정과 내면에 초점을 두어 얘기해 보려 해요.

고1인 강희는 세끼를 정해진 시간에 똑같은 메뉴만 먹습니다. 대략 식사 메뉴와 시간대는 이랬습니다.

아침 7시 과일, 계란 1개, 우유 1잔

점심 12시 급식일 때는 밥 2~3숟갈, 반찬 많이/ 평소에는 닭가슴살 샐러드 또는 샌드위치, 간식으로 견과류

저녁 5시 생선, 현미밥 반 공기, 반찬 또는 밥 없이 연어나 고기류만

철저히 계산하여 총1500~1700칼로리 사이에서 강희가 생각할 때 살이 찌지 않을 메뉴들만 골라서 먹었습니다. 강희 기준으

로 다이어트에 안전한 음식들로만요. 기름지지 않고 되도록 양념이 안 되어 있는 것, 그리고 탄수화물은 최대한 적게 먹었어요. 그런데 이 규칙이 잘 안 지켜진 날에는 엄마에게 엄청난 짜증과 울분을 퍼부었어요. 가령 대중교통 상황이나 학원 스케줄 같은 어떤 변수로 인해 저녁 시간이 5시가 넘어가면 엄마와 실랑이를 벌였죠. "꼭 먹어야 해? 누가 나처럼 세끼를 꼬박꼬박 먹어? 지금 먹으면 다 살로 간다고." 엄마는 강희한테 먹어야 한다고 하고, 강희는 5시가 넘었으니 먹지 않겠다고 싸우는 것입니다. 이외에도 엄마가 매번 닭가슴살 샐러드나 샌드위치만 먹지 말고 다른 메뉴로 바꿔서 먹어 보는 것이 어떻겠냐는 제안을 하면 난리가 납니다. 강희는 자신이 세운 식사 규칙에서 조금이라도 벗어나면 하늘이 무너지는 것처럼 울고 큰 분노를 드러냈어요. 어떨 때는 마치 4살 아이마냥 엄마에게 떼를 쓰며 거실 바닥에서 데굴데굴 구르기도 했습니다.

감정 폭발이 끝나고 좀 진정이 되면 강희는 자신이 너무 이상하게 느껴졌고 도대체 엄마한테 무슨 짓을 한 것인지 전혀 이해되지 않았어요. 자신도 납득하기 어려운 행동을 보였으니 이성이 돌아온 그때부터 다시 불안해졌죠. 엄마가 자신을 키우기 힘든 애로 여기고 포기하면 어쩌지 하는 '버림받는 것'에 대한 공포감을 느꼈습니다. 당연히 이성적으로는 알았죠. 엄마가 자신을 사랑하고 치료 과정에서 절대 자신을 포기하지 않을 것이라는 것도요. 그런데 그게 마음으로 완전히 믿어지지 않는 것이 스스로 너무 이상하고 답답했습니다.

강희의 칼로리 강박과 식사 규칙만 따로 떼어 놓고 보면 상식에서 벗어난 식이장애 증상이라고 보이지 않을 수 있어요. 하지만 그 규칙을 장기간 지킨다는 것도 사실 불가능한 일이지요. 앞에서 얘기했던 대로 몸에서 필요한 하루 칼로리 양을 못 채우고 있으니 감정 조절이나 몸에 이상이 생기기도 하고, 무엇보다 늘 모든 변수를 통제하기란 불가능하기 때문이에요. 딱 그 시간! 그 메뉴! 이 자체가 말이 안 되니까요.

그렇지만 식이장애 증상 안에 들어 있는 심리적인 기능을 살펴보면 강희가 하고 있는 행동들은 전혀 이상하지 않아요. 여러분도 아마 이런 자기만의 식사 규칙이나 칼로리 강박이 있을 거예요. 강희와 같지는 않더라도 음식 전용 저울에 무게까지 재서 먹는 등 탄수화물을 적게 먹기 위한 각자의 노하우나 원칙은 다양할 것입니다. 그런데 중요한 것은 각양각색의 규칙들 자체가 아니라 그 규칙들이 깨졌을 때 강희처럼 난리가 나는 이유입니다. 식사 규칙, 칼로리 강박은 과거로부터 이어져 온 트라우마,

내면의 상처들뿐 아니라 현재 자극 받고 있는 힘든 감정들(불안, 우울, 분노 등)을 통제하고 그 감정들을 나오지 못하게 눌러놓는 기능을 합니다. 마치 큰 컨테이너 박스에 잡동사니 물건들을 다 집어넣고 아무도 열 수 없도록 꽁꽁 묶어서 싸맨 것과 마찬가지죠. 그렇기에 이 규칙이 조금이라도 어긋나면 억눌렀던 감정들이 새어 나오기 때문에 강희처럼 행동하게 됩니다.

겉으로는 살이 찔까 봐 두려워서 식사 규칙을 지켜야 한다고 말하지만 그건 정말 표면적인 이유예요. 진짜 이유는 어릴 때 참을 수밖에 없었던 감정들을 누르고 있기 때문입니다. 전부는 아니지만 많은 경우에 과거 부모와의 관계에서 채우지 못한 애착에 대한 결핍을 증상을 통해 해결하려는 것도 있어요. 증상을 유지하고 싶어 하는 가장 큰 이유이기도 하죠. 강희의 경우는 어릴 때 엄마가 유방암으로 많이 아픈 시기가 있었어요. 어쩔 수 없이 입주 이모와 지내는 시간이 많았죠. 아버지는 회사에 갔다가 늦게 들어오는 일이 많았기 때문에 거의 접촉이 없었고요. 엄마가 건강을 되찾은 후 얼마 되지 않아 강희가 식이장애로 아프기 시작한 것입니다. 똑같은 메뉴라도 엄마가 밥을 차려 주지 않으면 강희는 전혀 식사를 하지 못했어요. 겉으로는 살이 찌기 싫어서 밥을 안 먹는다고 엄마와 실랑이를 벌이는 것으로 보이지만, 사실 강희는 먹는 것으로 엄마를 자기 옆에 붙잡아 두고 싶은 것이었어요. 엄마가 없으면 아무것도 하지 못하는 아기처럼요. 이처럼 거식증 증상 안에 들어있는 칼로리 강박, 강박적인 식사 규칙이 너무 심한 경우에는 이전에 손상된 애착 관계를 다시 복구하고 싶은 욕구가 숨겨져 있기도 해요.

감정 통제와 식이장애

*

강희는 자신이 정한 메뉴대로 정해진 시간에 먹고 움직이면 그날 하루는 마음이 편안해지는 것을 느끼지만 곧 다시 불안해지기를 반복했습니다. 식사 강박으로 자신의 감정들을 누르는 것은 진짜 편해진 것이 아니니까요. 건강한 감정 조절은 무조건 참고 없었던 일처럼 나의 마음을 모른 척하는 것이 아니라, 2장 시작에서 처음 얘기한 대로 내 마음 안에서 어떤 일이 벌어지고 있는지 잘 관찰하고 보듬는 것이거든요. 마치 어미 새가 아직 부화되지 않은 새알을 따뜻하게 품어 주듯이 말이에요. 그런데 여기서 정말 전제가 되어야 할 필수적인 조건은 바로 그런 마음을 받아 주고 안아 줄 수 있는 관계 경험이 꼭 있어야 한다는 것입니다. 보통 이것을 부모와의 관계에서 경험을 하고 나 자신으로, 다른 대인 관계로 확장시켜 나가는 것이지요.

어릴 때 내가 이유 없이 울어도 안아 주고 달래 줬던 부모의 다정한 손길과 부드러운 목소리, 포옹, 사랑한다는 애정 표현들, 말을 하고 나서부터는 부모에게 어떤 말이든 다 할 수 있고 모든 감정을 거르지 않고 표현했을 때 '아, ○○가 그런 감정을 느끼는구나', '그랬구나'와 같은 반응을 통해 내 감정이 맞다는 타당화를 받아 봐야 해요. 그래야 아이는 부모가 자신의 마음을 받아 주고 안아 줬던 경험을 내재화해서 자기 자신에게도 똑같이 행할 수 있게 됩니다. 비난하거나 억압하거나 강희처럼 괜찮은 척하지 않고 있는 그대로 느끼고 다른 친구들에게도 표현할 수 있게 되는 것이지요.

여러분은 강희의 사례를 읽으며 어떤 마음이 들었는지 궁금합니다. 단순히 내가 지켜야 할 식사 규칙, 칼로리 강박, 시간 강박에만 초점을 두면 이것을 체중과 다이어트 문제로만 생각하기 쉽습니다. 뒤에서도 계속 이야기하겠지만 식이장애 증상은 무조건 마음의 문제예요. 그것이 폭식, 절식, 씹고 뱉기, 구토, 강박적인 식사 규칙이든 증상은 상관없습니다. 살에 대한 강박, 체중에 대한 강박이 여러분의 일상을 지배하고 있다면 강희의 사례를 통해 나의 가족사, 그동안 내가 살아온 발자취, 감정 조절 방식, 대인 관계 경험을 한번 돌아보면 좋겠습니다.

칼로리 강박이 계속 유지되는 이유

*

사실 이성적으로는 조금 더 편하게 먹는다고 해서 완전 살이 찌지도 않을 거고, 삶 자체가 너무 힘드니 나아지고 싶지만 막상 음식 앞에서는 잘 안 된다는 것 때문에 다들 힘들 거예요. 증상 때문에 친구들과 편하게 약속을 잡을 수도 없고, 영양소 부족으로 공부에 집중도 되지 않죠. 강박 때문에 현실에서 포기해야 하는 것들이 많음에도 여전히 철저히 계산해서 먹는 내 의지가 약한 것 같아서 쉽게 자책을 하기도 합니다. 여러분은 어떤가요?

이렇게 이성적으로는 알고 있지만 실천이 어려운 것에는 다 이유가 있답니다. 바로 이성 아래에 있는 나의 무의식(의식하지 못하는 마음)에서는 오히려 증상을 통해 보이지 않는 이점을 얻고 있기 때문이에요. 모든 정신적인 증상을 유지하는 원인에는 이렇게 드러나지 않는 무의식에서 얻고 있는 장점이 존재해요. 그러니 많은 불이익을 감수하고서라도 낫지 않는 것을 선택하는 것이지요.

어떤 이점들이 있는지 앞에 나온 것들을 포함해서 표 안에 넣어 봤어요. 그 옆에는 증상의 단점도 함께 정리해 보았습니다. 여러분도 여기서 해당하는 것들이 있는지 한번 생각해 보면 좋겠어요. 단순하게 낫고자 하는 마음 말고 내가 왜 자꾸만 말도 안 되는 식사 규칙을 내세우고 그것을 고집하고 있는지, 그 이면의 마음을 한번 곰곰이 살펴보세요.

증상의 장점	증상의 단점
내가 못 먹고 아프니 엄마, 아빠가 이전과는 다르게 나에게만 집중한다. • 손상된 애착 관계 복구, 의존 욕구의 충족	더 이상 애들과 약속을 편하게 잡을 수 없어서 친구 관계에서 소외되는 것 같다.
내가 거식증으로 힘들어하니 엄마,아빠가 부부 싸움을 더 이상 예전처럼 하지 않는다. • 가정의 화목	먹는 즐거움이 사라지고 몸에 기운이 없다.
나를 통제했던 엄마, 아빠가 눈치를 보기 시작했고, 절대로 내가 먹는 것에 이래라저래라 간섭할 수 없다. • 통제 이슈, 심리적 경계선의 목적	공부에 집중이 안 된다. 앉아 있는 게 힘들다.
입시 스트레스, 친구 관계에서 느껴지는 버림받는 느낌 등 모든 부정적인 감정들을 잊어버릴 수 있다. • 감정 통제 기능	먹는 양이 줄어드니 감정 조절이 잘 안 된다. 강박, 불안, 우울이 함께 심해졌다.
내가 살이 쪘을 때는 엄마와 사이가 제일 안 좋았을 때인데 칼로리 강박을 놔 버리면 그때로 다시 돌아갈 것 같다. • 트라우마를 막는 용도	내 증상 때문에 가족들이 다 내 눈치를 보니, 특히 부모님한테 죄책감이 들고 미안하다.

+생각해 보기+

- 식이장애 증상이 있기 전에도 부모님에게 모든 것을 다 이야기하고 표현할 정도로 사이가 좋았나요?
- 내가 어려움을 호소할 때 부모님은 그것을 잘 받아 주고 지지해 주었나요?
- 평소 친구들에게 괜찮은 척, 아닌 척, 좋은 모습만 보여 주려고 애쓰는 편인가요?
- 힘든 감정들은 보통 혼자서 참고 잊으려고 노력하나요?
- 나는 아무 문제가 없는데 단순히 살이 찌는 것이 싫어서 강박적인 다이어트에 매달린다고 생각하나요?

×질문×

Q 식이장애 증상이 가족 환경에 영향을 받는다고 하는데, 부모님을 바꿀 수도 없고 여기서 벗어날 방법이 없나요?

A 부모님도 윗세대에서 많은 트라우마와 상처를 안은 채로 결혼하고 자녀를 낳아 키운 경우, 불안정적이고 도움을 줄 수 있는 상황이 아닐 수 있습니다. 아무리 사랑하는 자녀라도 마음의 여유 공간이 있

어야 자녀의 아픔을 바라봐 줄 수 있는데 그 공간 자체가 좁거나 없기 때문이죠.

이럴 때는 조금 냉정하고 잔인한 말로 들릴 수 있지만 부모님이 나를 정서적으로 도와줄 수 없다는 것을 빨리 받아들여야 해요. 나의 부모님이기 이전에 연약한 한 사람이라는 것을 빨리 인정해야 다음 단계로 넘어갈 수 있어요. 그리고 현실적인 목표를 세워야 합니다. 가정에서 벗어날 수 있는 방법을요. 실제 사례에서는 일부러 기숙사가 있는 고등학교, 대학교를 간다거나 아예 목표를 유학으로 잡는 경우도 많았습니다.

또 내가 원하는 사랑과 정서적 지지를 부모에게 받지 못했다고 해서 자기 연민에 너무 빠지지는 마세요. 안정된 환경에서 자란 친구들도 부모를 떠나 정서적 독립을 이루는 것이 건강한 과정이거든요. 나는 조금 더 주체적으로 빨리 그것을 이룬다고 생각하면 좋습니다.

또 주변에 좋은 사람들을 많이 만드세요. 나와 마음을 나눌 수 있고 서로를 지지해 줄 수 있는 선후배, 동생, 친구들을요. 그리고 끊임없이 내가 부모님으로부터 받은 영향과 상처를 들여다보고 치유하는 것을 포기하지 마세요. 이 과정을 반복하다보면 오히려 건강한 환경에서 자란 친구들보다 더 성숙하고 내적으로 강해지는 강점을 갖게 된답니다. 그 강점이 결국 내가 다른 사람들을 도울 수 있는 자원 이 되는 것이고요!

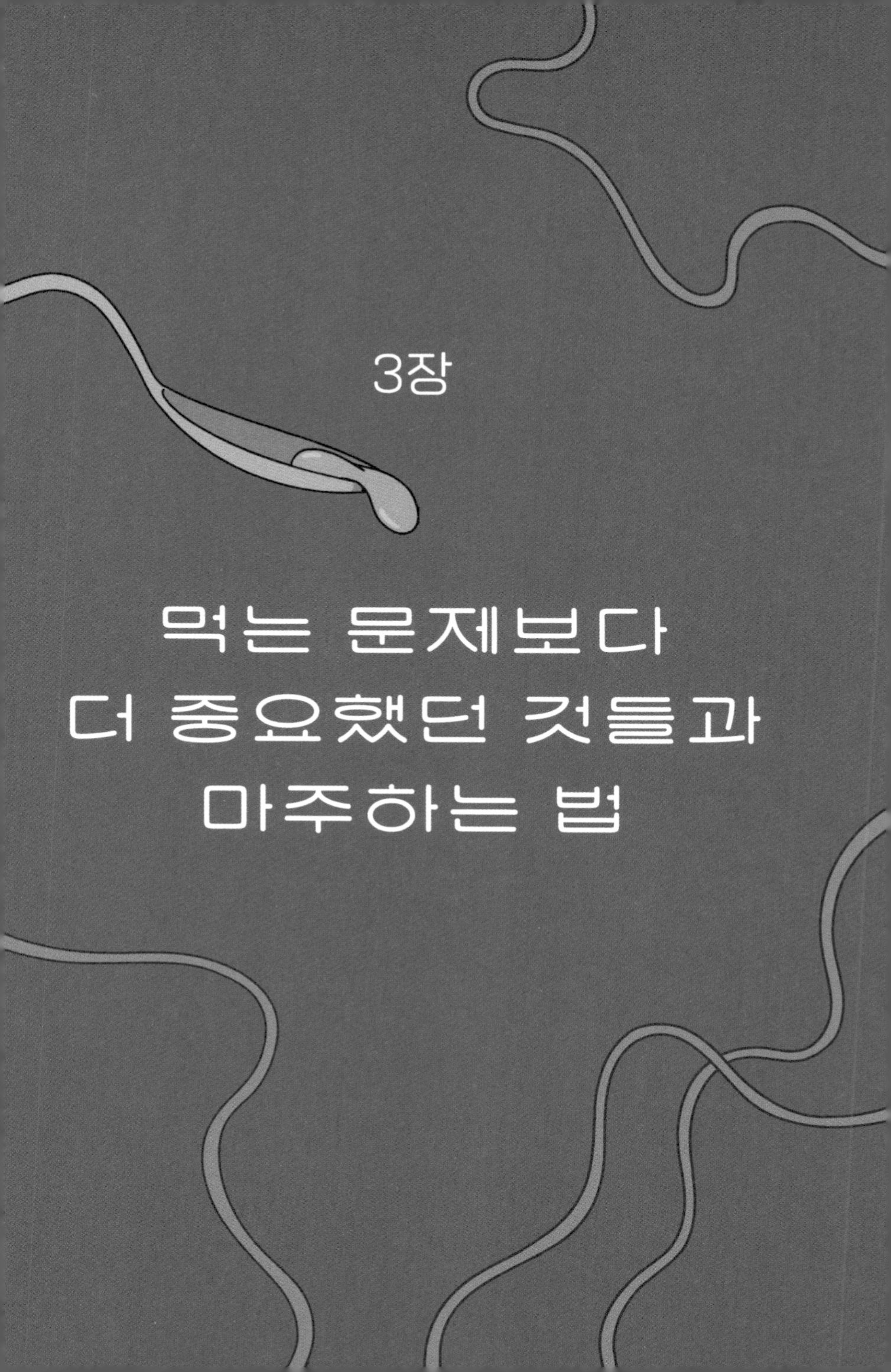

3장

먹는 문제보다 더 중요했던 것들과 마주하는 법

①
나를 이루는 핵심 신념 알아보기

2장의 사례에서 얘기한 것처럼 어릴 때 중요한 애착 관계 안에서 충분한 애정과 관심, 보살핌을 받지 못하면 나라는 존재 자체에 대한 부정적인 믿음이 생기게 돼요.

이것을 '핵심 신념(core beliefs)'이라고 불러요. 어린 시절에 중요한 애착 관계와 상호 작용을 통해 형성되는 것으로, 나 자신과 타인 그리고 세상을 어떻게 바라보는지에 대한 근원적이고 깊은 믿음이죠. 3장에서는 대표적인 몇 가지 핵심 신념을 살펴보고 그것이 어떻게 식이장애 증상으로 연결되는지 살펴볼게요.

다음 쪽에 나오는 표는 쉽게 발생하는 나 자신에 대한 부정적인 핵심 신념들을 정리한 것이에요. 여러분도 이중에서 나에게 해당되는 것이 있는지 찾아보면 좋을 것 같아요.

존재에 대한 결함	행동과 관련된 결함
나는 사랑받을 자격이 없어. 나는 무가치해. 나는 중요한 사람이 아니야. 나는 멍청해. 나는 못생겼어/ 내 몸은 혐오스러워. 나는 존재할 가치가 없어.	나는 무언가 잘못을 했어. 나는 무언가를 했어야 해. 나는 불충분하고 무언가 부족해. 나는 더 잘했어야 했어.
안전과 신뢰/ 욕구에 대한 결함	**힘/ 통제에 대한 결함**
누구도 믿을 수 없어. 내가 허용하면 사람들은 나를 이용할 거야. 나는 지지를 받을 수 없어. 나를 위한 사람은 아무도 없어. 나는 내 감정을 안전하게 보일 수 없어. 나는 스스로 보호할 수 없어.	나는 나 자신을 믿을 수 없어. 나는 할 수 없어. 내가 원하는 것을 가질 수 없어. 나는 스스로 조절할 수 없어. 나는 내 판단을 믿을 수 없어. 나는 모든 사람에게 완벽해야 해. 인정받아야 해.

사람은 관계적 존재라 특히 주 양육자에게 충분한 사랑과 관심을 받지 못하면 자신의 존재 자체를 부정적으로 바라보게 돼요. 나의 존재, 능력, 대인 관계에 대한 신뢰, 미래에 대한 기대 등 모든 것들이 안 좋은 쪽으로 영향을 받죠. 나 자신을 있는 그대로 사랑할 수 있으려면 반드시 부모의 사랑스러운 눈빛과 애정이 필요해요. 어떤 이유에서건 여러분이 내가 원하는 충분한 사랑과 관심을 받지 못하여 상처와 결핍이 생겼다면 이것은 '감정 조절 능력'에도 영향을 끼치게 됩니다.

다음 표를 한번 자세히 봐 주세요.

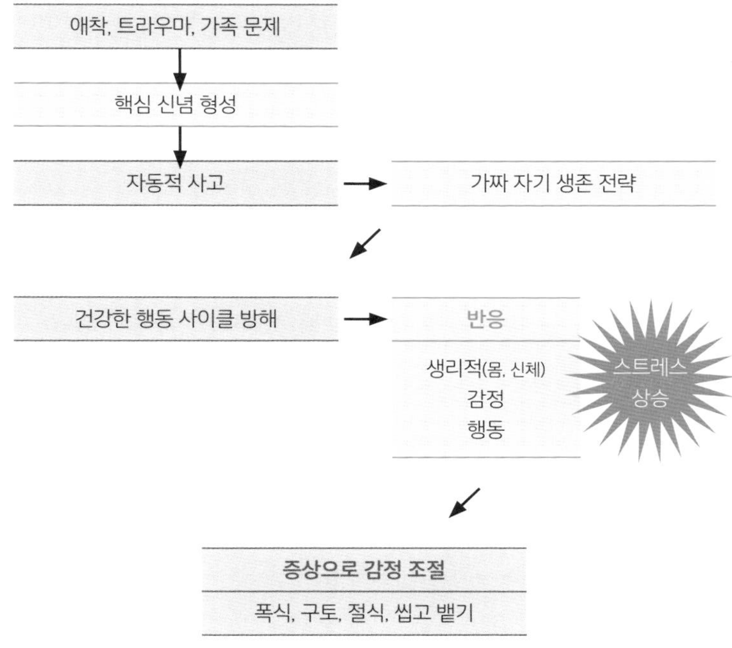

예를 들어 완벽주의 성향이 강한 부모님으로부터 "넌 어쩌면 그렇게 잘하는 게 하나도 없니"라는 언어적, 비언어적 메시지를 받고 자랐다면, 이 친구에게는 '나는 부족한 사람이야'라는 핵심 신념이 생기게 됩니다. 존재 자체가 부족한 사람이라고 인식하게 되는 것이죠.

그럼 뭔가를 시도할 때마다 '나는 부족한 사람이니 절대 다른 사람들에게 내가 부족하다는 것을 들키면 안 돼'라는 중간 사고 과정을 거쳐서 매사에 자신을 검열하는 자동적 사고가 형성됩니다. 밖에서 친구들과 잘 대화를 하고 놀았더라도 '아, 내가 그때 그 말을 하지 말았어야 하는데, 내가 그런 말을 해서 애들이 날 이상하게 생각하는 거 아니야?'라고 스스로 의심하게 되고, 급기야는 친구들이 날 분명히 안 좋아할 거라고 확신하게 됩니다. 친구들의 안 좋은 표정, 말투 모든 것 하나하나에서 결국 자신을 좋게 생각하지 않을 거라는 억지스러운 단서들을 찾아 자신의 핵심 신념 논리를 뒷받침하는 거예요.

내가 부족한 사람이라는 생각은 있는 그대로의 내 모습으로는 사랑받을 수 없다고 믿는 것이어서 내적인 고통을 느끼게 됩니다. 몸의 생리적 반응으로는 배 안쪽에 공허하고 배고픈 느낌을 느끼거나, 가슴에서 눌린 느낌이 나타날 수 있습니다. 감정적으로는 슬픔과 우울감을 들 수 있겠죠. 행동으로는 일상생활에서 우울감과 무력감으로 거의 누워 지낸다거나 친구들에게 연락을 먼저 하지 못하는 것 등으로 나타날 수 있어요. 이런 것들은 예시이며 내적인 반응들은 각자 다양한 형태로 몸, 감정, 행동에 드러난답니다.

고통이 극심하게 느껴지면 사람들은 그것에 맞는 해결책을 찾으려 합니다. 힘든 것을 좋아하는 사람은 없으니까요. 그때 많은 사람들이 눈에 드러난 것을 없애면 된다고 오해하곤 해요. 가령 내가 부족한 사람이라는 것을 다른 사람들에게 들키지 않는다면 내적인 고통을 멈출 수 있다고 무의식적으로 생각할 수 있어요.

내가 부족한 사람이라는 것을 들키지 않기 위해 더 완벽한 모습으로 자신을 포장하게 됩니다. 남들에게 보이는 가면, 가짜 자

기를 만들게 되는 거예요. 사랑받고 버림받지 않기 위해 생존 전략을 몸에 습득하는 셈이죠. 예를 들어, 부족한 사람의 반대는 완벽한 사람이니 나를 완벽한 사람이라고 느끼게끔 상대방이 좋아할 행동과 말만 해 주는 겁니다. 내가 느끼고 생각한 것과 상관없이 진실은 얘기하지 않고 상대방이 원하는 것을 충족시켜 주는 거죠.

그렇게 된다면 어떨까요? 상대방에게 다 맞춰 주니까 딱히 적은 없을 수 있으나 깊이 있는 대인 관계는 맺을 수 없겠죠. 친구들과의 만남과 약속이 하나의 일처럼 느껴질 수 있어요. 계속 눈치보고 맞춰 주느라 집에 오면 진이 빠지고 지치죠. 또 조금만 센스가 있는 친구들이라면 내게서 뭔가 이상하다는 것을 느낄 수 있어요. '얘한테서는 이상하게 벽이 느껴지고 불편해.', '뭔가 웃고 있는데 마음으로 서로 연결된다는 느낌이 없어.'

말로 표현하기 힘든 어색함과 묘한 답답함이 결국 친구들과 절대로 가까워질 수 없는 거리를 만들게 됩니다. 아무리 가짜 자기를 만들어도 외로움과 공허함, 우울감이 더욱 커집니다.

건강한 행동 사이클을 방해하는 가짜 자기

*

행동 사이클(Kurtz, 1990)

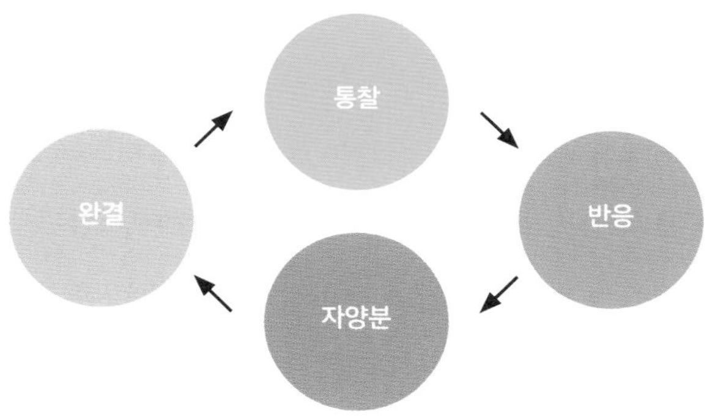

모든 살아 있는 생명체는 이 네 가지의 행동 사이클을 반복합니다. 예를 들어 내가 목이 마르다는 것을 깨닫게 되면 (통찰)/ 물을 찾으러 가지요(반응). 정수기에서 물을 담아서 목이 마르지 않을 때까지 물을 흡수하고 받아들입니다(자양분). 목이 마르지 않은 편안한 상태에 이르게 됩니다(완결). 무엇이 지금 나에게 필요한지에 대한 욕구를 통찰하고 이것에 대한 반응으로 자양분을 받아들이며 이 욕구에 대한 일이 완결되는 하나의 행동 사이클을 계속 반복하는 거죠.

그런데 '가짜 자기'는 이러한 자연스러운 욕구의 사이클을 방해하여 더 힘든 내적 고통을 안겨 줘요. 결국 폭식과 구토, 극심한 절식으로 내 감정을 안정화시키는 쪽을 선택하게 되죠.

예를 들어 내가 지금 피곤하다는 것을 알고 있어요(통찰). 어제 잠도 잘 못 잤고 감기 기운이 있어서 친구들과 미리 약속한 에버랜드는 못 갈 것 같아요. 그런데 약속을 깨자니 친구들이 분위기 깬다고 뒤에서 욕을 할 것 같아서 그냥 따라갑니다(반응). 결국 시간을 보내는 내내 몸이 힘들어서 즐겁기는커녕 감기 기운만 더 악화됐어요(자양분 흡수 실패). 집에 와서도 내가 혹시 피곤한 티를 많이 내서 애들이 나를 안 좋아하지 않을지 불안해하며 쉬지 못합니다(완결 실패). 이렇게 되면 내 안에서는 초조함과 불안, 분노, 외로움 등의 감정이 더 커집니다. 내 욕구와 다르게 반응했더니 훨씬 더 감당하기 힘든 감정, 생각, 신체적 반응들이 몰려오게 된 것이죠.

식이장애를 불러오는 가짜 자기

*

세계적으로 유명한 작가이자 소아정신과 의사인 다니엘 시겔은 사람마다 스트레스에 견디는 힘인 최적의 각성 상태가 있음을 알려주는 '인내의 창'이란 개념을 소개했어요.

사람마다 스트레스에 견디는 힘은 모두 다릅니다. 마음의 근육이 단단한 사람이라면 똑같은 사건을 경험하더라도 이성을 잃지 않고 자신의 마음을 차분하게 볼 수 있습니다. 인내의 창 안에 있다는 것은 교감 신경계와 부교감 신경계가 왔다 갔다 하며 내 몸과 마음이 조화롭게 일치된 상태로 볼 수 있어요. 마음이 편안하다고 느낀다는 건 최적의 각성 상태로 감정의 뇌와 이성의 뇌가 연결되어 있다는 뜻입니다. 만약 여러분이 감당하기 힘든 스트레스를 받고 있을 때 인내의 창을 벗어나서 그보다 위, 아래로 이동한다면 이성의 뇌가 완전히 끊겨서 자신이 어떤 상태인지 자각할 수조차 없는 압도된 상태가 되어 버려요.

앞의 예시로 설명하자면 이렇습니다. 친구들에게 사랑받고 버림받지 않기 위해 과도하게 맞춰진 가짜 자기는 오히려 내 표정이 안 좋아서 이상하게 보이지 않았을까 하는 불안과 걱정 그리고 왜 아픈데 거절하지 못했을까 하는 과한 자기 비난으로 이어져 분노를 일으킬 수 있어요. 이때 더 힘들다고 느끼는 이유는 자신이 있는 그대로 사랑받지 못했던 과거 트라우마 기억들이 그 순간 내 몸에 한꺼번에 몰려오기 때문입니다. 과거의 트라우마 기억들은 아무리 의식으로 밀어내고 억압하더라도 내 몸 안에서 그 경험들을 다 기억하고 저장하고 있기 때문이죠. 예를 들

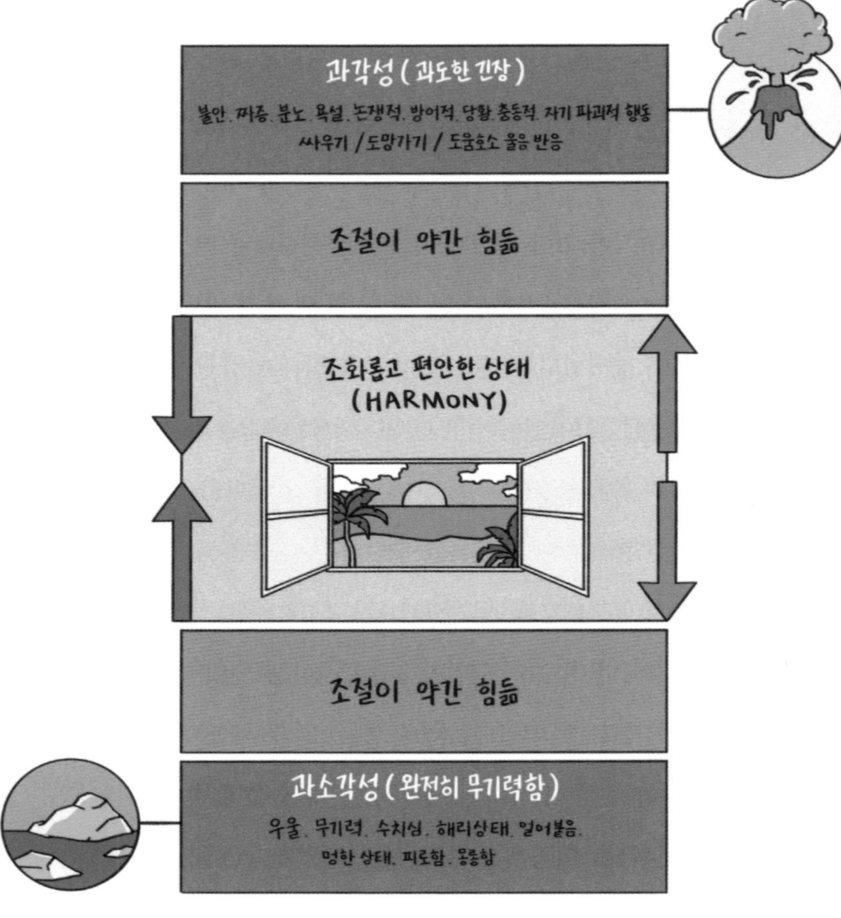

어 나 때문이 아닌데도 친구의 안 좋은 표정이 나의 예전 기억들을 자극시킬 수 있는 거예요. 그 순간 내 몸은 엄마가 인상 쓰며 비난했던 7살 그때로 돌아가서 이성의 뇌가 끊기고 불안, 초조, 분노, 짜증에 휩싸여 온 신경계가 과각성으로 압도됩니다.

만약 산에서 곰을 만났다고 상상해 보세요. 이미 나의 신경계는 죽을지도 모른다는 공포감에 사로잡혀 있는데 그때 이성적으로 '아, 이 일을 어떻게 하지?' 하고 차분하게 생각할 수 있는 사람은 없을 거예요. 바로 이성의 불이 꺼지고 과각성 상태에 돌입한 거죠. 이럴 때는 어떤 반응이 나올까요? 생존에 필요한 동물 방어가 나오게 됩니다. 혹시 곰에 맞서 싸우는 외국인의 영상 같은 것을 본 적이 있나요? 자신에게 익숙한 방어 반응이 나오는 거죠. 싸움에 자신이 있는 사람은 그 순간 바로 주먹이 나갈 거고 (싸우기 반응) 아니면 소리를 지르며 도망가겠죠(도망가기 반응). 또는 그 순간 엉엉 울며 누군가에게 살려달라고 도움을 요청할 수 있을 거예요(도움 호소 울음). 반대로 완전히 얼어붙어 꼼짝달싹 못하는 상태가 되어 버릴 수 있고요(과소각성, 얼어붙은 상태).

"호미로 막을 것을 가래로 막는다"는 속담이 바로 이런 경우에 해당돼요. 원래 있었던 상처로 생긴 감정들을 건강하게 직면하고 해결하지 않은 채 가짜 자기를 만들어 남들에게 맞추거나 감정을 억압하고 부인한다면 인내의 창을 벗어나 과다각성, 과소각성을 왔다 갔다 하며 감정의 널뛰기를 반복하게 됩니다. 이럴 때 폭식과 구토는 압도된 내 신경계를 진정시키는 효과가 있어요. 사실 살이 찔까 봐 음식을 토해 내는 것이 아니라 감정을 토해 내는 것이죠. 폭식과 구토 후에는 일시적이지만 다시 현재로 돌아오게 해 주는 안정 효과가 있어 더 벗어나기 어려운 것입니다. 다이어트 강박, 절식, 칼로리 계산 등 앞에서도 이야기했지만 이런 것들에 계속 몰두하다보면 진짜 나의 문제들로 인한 힘든 마음들을 회피할 수 있다는 장점도 있죠. 인내의 창을 벗어날 정도의 힘든 관계 문제들을 직면하는 것은 너무 아프고 힘들기 때문입니다. 또 관계의 문제는 내 노력으로 통제할 수 있는 영역이 아니기 때문에 자꾸만 내 눈에 보이고 통제 가능한 살의 문제로 만들어 마음의 안정을 취하려고 하죠.

더군다나 아주 어릴 때부터 부모님과의 관계에서 정서적인 불안정감, 애착의 상처를 많이 받고 자랐다면 다른 친구들보다 인내의 창이 좁을 수밖에 없어요. 감정을 조절하는 정서의 뇌는 다름 아닌 주 양육자와의 관계에서 성장하는 것이어서, 어릴 때 트라우마 경험이 많을수록 스트레스에 견디는 힘이 약할 수밖에 없죠.

식이장애 증상이 나타났다는 것은 인내의 창 범위가 어떤 이유로든 좁다는 것으로 볼 수 있습니다. 그렇지만 걱정하지 않아도 돼요. 내가 남들보다 인내의 창의 범위가 좁다고 해서 영원히 넓혀지지 않는 것은 아니에요. 내 마음을 알아차리고 보듬는 훈련을 계속 반복하다 보면 마음 근력도 더 강해지고 넓어집니다. 운동을 시작할 때도 처음에는 근력이 없으니 무거운 기구를 들기 어렵다가 나중에 점차 발전하는 것처럼요. 서서히 내면의 힘을 기르면 인내의 창 범위를 넓힐 수 있으니 너무 걱정하지 마세요.

② 핵심 신념 1 : 나는 쓸모없는 사람이야

'나는 쓸모없는 사람이야'는 많은 사람들이 가진 자신의 존재를 부정하는 핵심 신념 중 하나예요. 이런 핵심 신념을 갖고 있는 사람들은 자신의 존재를 정말 쓸모없다고 믿고 있기 때문에 겉으로 보기에 괜찮은 가짜 자기를 만들곤 합니다. 친구 관계, 학업, 가족 안에서도 말 잘 듣는 모범생이자 친구들 사이에서도 배려심 많은 아이로 통해요. 가짜 자기의 가면이 워낙 두껍다 보니 자기도 속고 남도 속일 수 있는 상태가 되기 쉽습니다. 식이장애 증상이 나타나기 전까지는 자신이 왜 힘든지조차 모를 수 있다는 것이죠.

어느 날 갑자기 무섭게 다이어트를 해서 저체중이 되고, 신체적인 굶주림에 폭식을 하여 이전 체중보다 더 늘어나는 과정은 식이장애를 겪는 사람들에게 흔한 일입니다. 또는 BMI에서 정상이지만 깡마르지 않은 나의 몸을 굉장히 혐오하고 다시 다이어트를 하려고 했지만 예전처럼 굶는 것도, 적게 먹는 것도 되지 않아 스스로에게 분노와 비난을 퍼붓는 것도 많이 나타나는 식이장애 증상의 사이클이자 괴로움이죠.

그렇지만 사실 겉보기에만 그동안 문제가 없었을 뿐, 내면에서는 상당한 내적 갈등들이 심하게 일어나고 있었겠지요. '나는 쓸모없는 사람이야'라는 핵심 신념이 몇 살 때부터 생겼는지는 정확히 모를 수 있어요. 나라는 존재를 느끼기 시작한 아주 어렸을 때부터 쭉 그렇게 생각해 왔다고 말하는 경우도 많아요. 그러니까 몇 살인지는 기억이 안 나더라도 아주 어릴 때라는 것이죠. 어릴 때 형성된 핵심 신념은 아무리 친구들이 칭찬을 해 주고 선생님이 예쁘다고 말해 주어도 절대 다른 사람들의 칭찬을 믿지 못하도록 만듭니다. '나는 쓸모없는 사람'이라는 핵심 신념이 너무나 확고해서 사람들이 해 주는 칭찬은 앞에서 비난할 수 없으니 빈말로 해 주는 거짓말이라고 믿습니다.

여러분은 어떤가요? 혹시 나 같이 쓸모없는 사람을 다른 사람들이 좋아할 리가 없고, 모두 속으로는 안 좋게 생각하면서 겉으로만 좋게 얘기해 주는 것이라 굳게 믿고 있지는 않나요? 이런 불신을 갖고 있다면 어느 누구도 의지할 수 없고 나의 모든 마음을 드러내기도 힘들겠지요. 역으로 친구들의 고민이나 그들의 아픈 얘기들은 잘 들어줄 수 있지만 정작 나의 속마음, 심리적 어려움들을 절대 나누지 못해요. 나는 가뜩이나 쓸모없는 사람인데 부정적인 감정까지 남들에게 표현하면 자신을 더 안 좋아할 것이라 믿기 때문이에요.

이 핵심 신념은 나 자신을 일단 믿지 못하기 때문에 타인의 진정 어린 관심과 사랑도 받아들이지 못해요. 행동 사이클로 치자면 자양분 흡수가 안 되니 계속 불만족스러운 내적 상태가 반복되겠죠. 주변에 아무리 친구들이 많고 나에게 잘해 주어도 나는 그것을 믿지 못하니까요. 친구들 사이에서 느끼는 외로움, 우울감, 소외감, 불안 등의 감정들이 뒤엉켜 있을 수 있어요.

자, 이럴 때는 일단 내가 어떤 핵심 신념이 있는지를 자각하는 것이 첫 번째 단계예요. 그리고 그것이 나와 부모님과의 관계, 어릴 때 입은 마음의 어떤 상처들과 관련되어 있는지 돌아보는 것이 두 번째 단계예요. 세 번째는 이런 핵심 신념이 어떤 상황에서 특히 잘 일어나는지를 관찰해 보는 거예요. 예를 들어 앞에서 이야기했듯이 친구가 조금 안 좋은 표정을 지었을 때나 친구가 내가 생각했던 반응을 해 주지 않을 때 등이요. 네 번째는 핵심 신념이 일어날 때 내가 인내의 창 범위를 어떻게 오르락내리락 하는지 내 몸을 살펴보는 것이에요. 과각성 상태가 되어서 숨이 안 쉬어지는지, 아니면 그 상황에서 자기 비난을 하다가 가슴이 답답해지고 창자가 꼬이는 느낌이 들어서 바로 먹고 토하러 가는지요. 마지막 다섯 번째는 그럴 때 어떤(폭식, 구토, 씹고 뱉기, 절식 등) 식이장애 증상이 올라와서 안정화에 도움이 되는지를 관찰해 보아야 합니다.

다섯 단계의 관찰이 다 되었다면 내가 어느 시점에서 이성을 잃지 않은 '인내의 창의 경계 사이'에 있는지 알고 있어야 해요. 이미 경계를 넘어갔을 때에는 이성의 불이 꺼지기 때문에 무언가를 건강하게 시도해 봐야겠다는 생각을 할 수 없게 되거든요.

경계를 넘어갈 듯 말 듯 할 때 내 몸의 감각이 어떤지를 관찰하고 그것을 건강하게 대체할 수 있는 방법을 시도해야 합니다. 예를 들어 과소각성으로 완전 경계를 넘어서 아래로 내려갈 때는 몸이 움직일 수 없고 무거워지는데, 완전 아래로 내려가기 전인 중간 단계의 느낌(조절이 약간 힘듦)이 무엇인지 나를 관찰해 봐야 해요. 이성이 끈이 살아 있는 그 중간 단계의 신체 감각이요. 완전히 몸이 차단되서 무거워지기 전에 뭔가 가슴이 쿵 내려앉고 스멀스멀 이상한 느낌이 든다면 그때가 바로 경계를 넘어가는 그 찰나입니다. 그때는 이성이 살아 있기 때문에 심호흡이나 친구에게 전화를 하는 등의 건강한 감정 조절 방식을 시도해 볼 수 있습니다. 건강한 감정 조절에 대한 것은 4장에서 또 다루도록 할게요.

3

핵심 신념 2 : 나는 나를 믿을 수 없어

'나는 나를 믿을 수 없어'라는 부정적인 핵심 신념이 자리 잡으면 내가 하는 모든 것들을 의심하게 됩니다. 심지어 내가 느끼는 감정까지 믿을 수 없게 되지요. 특히 자기주장과 관련된 분노의 감정일수록 더 자신을 몰아세우기 쉬워요. 예를 들어 가까운 가족이나 친구에게 화가 나고 막 따지고 싶은 생각이 들면 그 감정은 오래 가지 못하죠. '너 진짜 화 날 상황이 맞는 거야? 너가 잘못한 건 진짜 없어?' 이렇게 스스로에게 반문하며 결국 자기 자신을 비난하는 쪽으로 끌고 갑니다. 결론은 '내가 속이 좁고 이상한 거야'라고 단정 짓고 분노의 감정들을 안 먹어도 되는 빵, 과자 같은 간식들로 폭식하고 구토하는 것으로 과각성된 감정을 해소합니다.

마치 누군가가 CCTV로 나의 모든 생활을 관찰하며 보고 있다고도 느낄 수 있어요. 집 밖을 나가는 순간 다른 사람들의 시선들이 느껴지는데, 특히나 학교에서는 더더욱 다른 친구들의 시선과 말들을 과하게 의식할 수밖에 없죠. 불특정 다수가 나를 비난하기 위해 준비라도 하는 것처럼요. 이런 경우에는 조금만 내가 못한다고 느끼면 중간에 그냥 포기하기도 쉽습니다. 다른 사람들이 나를 이상하게 보고 비난한다고 생각하기 때문에 남들보다 못하는 모습을 보이면 심한 수치심에 사로잡혀요. 사실은 내가 나를 믿지 못하는 것인데 다른 사람들이 못하는 나를 비난하고 욕한다고 믿는 거예요.

혹시 여러분도 자신이 느끼는 생각이나 감정과 결정하는 모든 것을 믿을 수 없고, 다른 사람들의 확인을 꼭 받아야 마음이 놓인다면 나의 발달 과정과 가족 관계를 한번 점검해 보는 게 좋습니다. 어떤 이유인지는 가족마다 사연이 다양하겠지만 어른들에게 많은 비난을 받았을 가능성이 높아요. 이렇게 어릴 때부터 나의 애착 대상이나 주위 어른들에게 존재에 대한 인신공격과 비난을 많이 경험하면 나 자신에 대해 못 믿게 되는 것은 자연스러운 과정입니다. 이건 잘못된 행동을 바로 잡아야 하는 훈육과는 다른 것이니까요. 날 사랑하는 사람들이 나를 안 믿어 주고 사사건건 잘못됐다고 비난하니, 당연히 내가 하는 모든 선택은 어느 누군가에게 비난받을 수 있다는 자동적 사고로 연결됩니다. 이렇게 '나는 나를 믿을 수 없어'라는 핵심 신념은 행동 사이클에서도 통찰 자체부터 어렵게 만듭니다. 이것은 식이장애 증상에도 엄청난 영향을 끼쳐요. 정말 내가 지금 배가 고픈지, 배가 부른지도 의심하게 될 수 있으니까요.

맛있는 음식, 영양가 있는 음식을 받아들이는 것도 힘들 수 있지요(자양분 흡수 실패). 배부름의 느낌 역시 평상시 내면에서 느꼈던 부정적 감정들과 관련지어 감정 해소를 위한 구토로 연결되기 쉽습니다. 이렇게 건강한 사람이 누려야 할 네 가지 행동 사이클에 자꾸 걸림돌이 생기니 인내의 창 가운데에 머무는 것은 불가능할 수밖에요.

생각해 보세요. 사람의 가장 기본적인 욕구조차 스스로 의심을 하게 되는데 다른 것은 말할 필요도 없겠지요. 여러분도 이와 비슷한 핵심 신념을 갖고 있다면 나의 가짜 자기는 어떤 것이 있는지도 한번 생각해 보면 좋아요. 다른 친구들에게 욕을 먹지 않기 위해서 뭔가 그럴싸하게 있는 척을 하며 좋은 모습만 보이려고 하나요? 내가 친구들에게 보이고 싶은 어떤 캐릭터의 이미지를 정해 놓고 그런 척 연기를 하고 있지는 않은가요? 그 가면 안에 있는 나를 들키지 않기 위해서요. 하지만 오히려 이런 가짜 자기는 가깝게 다가가기 어려운 친구로 오해받게 하기도 해요.

특히 이러한 핵심 신념을 가진 친구들이 속으로 자주 하는 말이 '남이 날 어떻게 볼까(자동적 사고)'예요. '나는 나를 믿을 수 없어'라는 핵심 신념이 나타날 때 조금이라도 나를 판단 없이 객관적으로 관찰할 수 있으려면 일단은 이 신념이 나타나는 징후를 알아차려야 해요. 바로 인내의 창 안에 이성이 살아 있을 때죠. 불안한 것을 알지만 조절 가능한 상태요.

인내의 창을 벗어나면 이성의 불이 꺼지면서 식이장애 증상이 결과로 나타납니다. 갑자기 공부하다 못 참고 편의점에 달려나가서 뭔가를 먹고 토했다면 바로 이 신념이 작동한 것이라 볼 수 있습니다. 이럴 때 단 몇 초 만에 뇌의 전전두엽, 이성의 불이 꺼지면서 바로 동물 방어인 폭식과 구토로 갔던 나의 핵심 신념에 대해 시간을 늘려서 자각하는 타임 테이블을 그려 보는 것도 좋은 방법이 될 수 있답니다. 다음 쪽의 예시를 참고하여 여러분도 한번 그려 보세요.

핵심 신념을 타임 테이블로 그려 보기

*

폭식, 구토, 씹고 뱉기 등 식이장애 증상으로 가는 나만의 핵심 신념이 일어나는 상황과 그에 대한 반응은 어떤 것이 있을까요?

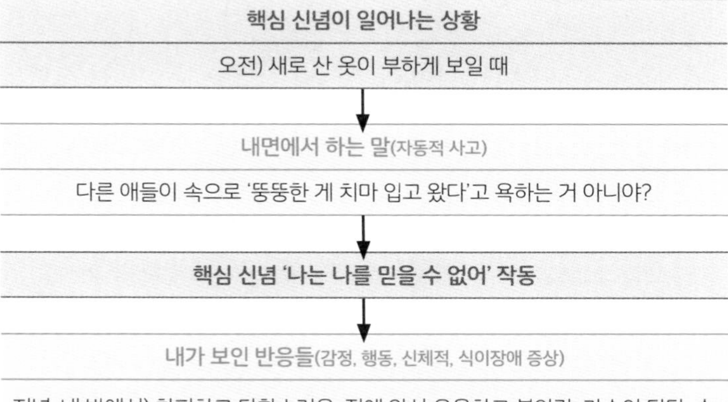

핵심 신념이 일어나는 상황

오전) 새로 산 옷이 부하게 보일 때

↓

내면에서 하는 말(자동적 사고)

다른 애들이 속으로 '뚱뚱한 게 치마 입고 왔다'고 욕하는 거 아니야?

↓

핵심 신념 '나는 나를 믿을 수 없어' 작동

↓

내가 보인 반응들(감정, 행동, 신체적, 식이장애 증상)

저녁, 내 방에서) 창피하고 당황스러움. 집에 와서 우울하고 불안감, 가슴이 답답, 숨이 안 쉬어짐. 바로 폭식 구토로 연결. 그러고 나니 시원했다. 또 토했다니 기분은 안 좋았지만 그제서야 내일 검사 맡아야 하는 과제를 할 수 있었다.

④

핵심 신념 3
: 나는 중요한 사람이 아니야

'나는 중요한 사람이 아니야'라는 핵심 신념을 갖고 있는 사람들은 내가 중심이 되지 못하고 특별한 애정을 받지 못한다고 느끼면 버림받을 것에 대한 불안, 뼛속 깊은 외로움과 우울, 서러움 등의 감정을 잘 느껴요. 특히나 10대 때는 또래 문화의 결속력이 강화되는 시기니 홀수에 좀 민감할 수 있죠. 2명의 친한 친구가 나를 빼놓고 놀러 가서 SNS에 사진을 올린다거나, 버스를 타거나 놀이동산에 갈 때 혼자 앉아야 하는 상황이 되면 '아, 나는 역시 얘네한테 중요한 사람이 아니니까 결국 사랑받지 못하는구나'와 같은 자동적 사고로 연결되기 쉽습니다.

'나는 중요한 사람이 아니야.' **(핵심 신념)**

'아, 나는 역시 중요한 사람이 아니니까 결국 사랑받지 못하는구나.' **(자동적 사고)**

이렇게 핵심 신념이 건드려져서 자동적 사고로 이어지면 바로 인내의 창을 벗어나게 됩니다. 교감 신경계가 과잉으로 나오는 과다각성의 상태, 즉 내가 관계 안에서 버려질까 봐 두려운 불안, 무서움의 감정, 심장 박동이 빨라지고 호흡이 가빠지며, 가슴이 답답해지고 어깨와 온몸이 굳는 상태가 되어 버리죠. 이때 위나 장도 같이 스트레스를 받아 체하거나 편두통과 같이 실제 아픈 부위도 생길 수 있어요. 잔뜩 긴장한 상태에서 결국 나는 혼자이고 버림받았다고 느끼면서 오는 외로움, 우울 등의 가라앉는 감정들은 부교감 신경계가 과잉해서 나타나는 과소각성 상태로 돌입하게 하죠. 이때는 심박수가 감소하고 얕은 호흡과 저혈압 무감각의 상태가 됩니다. 인내의 창을 벗어나 마치 롤러코스터를 타듯 과각성(위), 과소각성(아래)을 왔다 갔다 하는 거예요. 이런 경험을 여러분도 해 본 적이 있나요?

자, 내 감정이 압도되는 고통스러운 상태를 벗어나기 위해 여러분은 가짜 자기를 만들기 시작하겠죠. 나의 생존을 위해서요. 중요한 사람이 되고 사랑받기 위해 여러 가짜 자기를 만들 수 있어요. 친구들에게 필요한 사람이 되기 위해 헌신적으로 잘해 줄 수 있겠죠. 뭐든지 맞춰 주면서요. 이때의 부작용은 나의 심리적 경계를 허물어뜨리고 다 내어 주니 조금 만만한 사람으로 보일 수 있다는 거겠죠. 이로 인해 생긴 분노와 자괴감으로 다시 인내의 창을 벗어나 오르락내리락을 반복할 수 있습니다.

아니면 정반대로 내가 중요한 사람이 아닌 것 같고, 버림받을 것 같은 불안이 올라올 때 먼저 친구 관계를 끊고 연락을 차단하는 '도망가기' 반응을 보일 수도 있고요. 이때 나오는 가짜 자기는 스스로 고립을 자초하는 마음의 성벽을 쌓는 모습이에요. 친구들에게 나의 감정을 나누지 않고 적당히 좋은 말, 이야기의 사실만 나누는 경직된 심리적 경계를 유지하려고 할 수 있어요. 절대 속마음은 얘기하지 않고 다른 친구들에게 완벽하고 흠이 없는 모습만 보여 주려는 것이죠. 이러한 가짜 자기는 다시 건강한 행동 사이클을 방해해서 결국 식이장애 증상으로 내면을 차단시키거나 먹고 토하고 씹고 뱉는 것 등으로 감정을 조절하려는 결과를 반복적으로 불러옵니다.

또 하나 중요한 특징은 좀처럼 쉴 줄 모르는 성취 지향적이고 경쟁적인 모습이 이런 신념을 갖고 있는 사람들에게서 자주 보인다는 것이에요. 내가 쓸모 있고 중요한 사람이 되기 위해 노력하는 거죠. 뭔가를 성취해도 길어야 5~10분 정도만 기쁨이 지속되고 바로 그 다음 단계의 성취를 향해 나아가는 것입니다. 마치 그간 내가 한 노력은 아무것도 아닌 것으로 취급해요. 빨리 그 다음 단계를 추구하고 성취를 이뤄야 친구들에게 떳떳하고 절대 빼놓을 수 없는 중요한 사람으로 자리매김할 수 있으니까요. 극단적인 다이어트도 외적으로 예쁘고 마른 모습을 보여야 친구들에게 칭찬을 받으니 강박적으로 매달리는 것일 수 있어요. 성취 지향적인 모습은 보통 과각성에 있을 때가 많아요. 조금만 안정이 되면 쉬려고 하는 자신을 용납할 수 없는 것이죠. 뭔가를 끝마쳤고 목표를 달성했으면 자신을 칭찬해 주며 쉼을 갖는 것이 당연한 것인데도 불안하여 그 다음 성취를 또 이루기 위해 달려가는 것이죠. 이때 짝꿍으로 등장하는 것이 나에게 하는 모진 비난의 말들이에요. 성취를 이루기 위한 채찍질이죠.

대개는 집에서 편안한 상태로 있는 것을 부모님이 허락하지 않았을 확률이 높아요. 내가 애쓰고 노력한 과정을 함께해 주고 지지해 준 게 아니라 늘 최고의 결과가 아니면 인정해 주지 않았을 가능성도 높고요. 또는 부모님이 맞벌이나 어떤 다른 사정으로 여러분에게 정서적인 돌봄 없이 그저 방임하거나 무관심하다면, 높은 성적을 받거나 학교에서 상을 타면 부모님에게 칭찬이나 관심을 받지 않을까 하는 마음이 클 수 있습니다. 가족마다 환경과 상황이 다르니 그 사연은 다양하겠지만 주 양육자와의 관계에서 내가 엄마, 아빠에게 정말 중요한 존재라는 것을 느끼지 못할 만큼 충분한 애정을 받지 못했다고 보면 됩니다.

자기 자신을 채찍질하는 비난의 말들에는 평소 엄마, 아빠가 여러분에게 무심코 했던 말들도 섞여 있답니다. 머리로는 그 말이 잘못됐다는 것을 알아도 자꾸 듣다 보면 여러분의 내면 깊숙한 곳의 한 부분에 뒤엉켜서 자리 잡습니다. 마치 피부처럼 부모님에게 상처 입은 말이 스며들어 다시 자신에게 똑같이 해 주고 있다는 것도 모를 정도로요. 자기 비난의 채찍질은 많은 성취를 이룰 수 있게 해 주고 또 부모님에게 인정받고 사랑받을 수 있게 해 주니 절대로 놓을 수 없어요. 생존을 위해서요. 덕분에 내 존재가 부모님에게 중요하다는 것을 입증할 수 있으니까요.

'나는 중요한 사람이 아니야'라는 핵심 신념이 일어나는 과정을 자세히 풀어 설명했지만, 사실 여러분은 위협 상황에 반응하는 생존의 뇌 '편도체'가 건드려졌기 때문에 단 몇 초 만에 바로 폭식과 구토로 연결되는 듯한 느낌을 받았을 거예요. 뇌에서는 과거엔 중요한 존재라고 느끼지 못했던 트라우마들이 건드려졌기 때문에 지금이 비상사태고 위급한 상황이라고 신호를 보내는 거죠. 그 과정에서 중요한 존재가 되기 위해 쉬지 않고 성취해야 하는 '자기 비난'의 채찍질이 인내의 창을 벗어나는 데 큰 몫을 하게 됩니다.

자기 비난이 식이장애 증상으로 이어지다

*

자기 비난의 말들이 어떻게 식이장애 증상으로 이어지는지 표로 정리해 보았어요. 여러분도 이 표를 참고해서 자기 비난의 말들이 어떻게 이성이 끊어지는 식이장애 증상으로 이어지는지 확인해 보세요.

성취를 이루도록 채찍질하는 자기 비난의 말들	감정, 생각, 신체 감각	이성이 끊어짐/ 식이장애 증상(폭식과 구토 등)
• 충분히 다 맞을 수 있었는데 또 실수해서 틀렸네. 진짜 창피해서 살 수가 없다. • 이 정도로 네가 1등 할 수 있을 것 같아? • 너는 무엇 하나 제대로 하는 게 없구나. 그렇게 해서 세상에서 어떻게 살아 남을래? • 핸드폰이나 보고 시간 낭비하니 너는 먹을 자격도 없어. • 놀 생각이나 하고 너는 진짜 한심하다! • 무조건 전보다 더 잘해야 해!	우울해지고(감정) 세상에서 내가 제일 못난 사람처럼 느껴진다(생각). 가슴이 답답해지고 숨이 안 쉬어진다(감각).	이미 망했으니 먹고 토하자로 간다.

+생각해 보기+

- 사람들 앞에서 자주 보이는 나의 가짜 자기(생존 전략)는 어떤 모습인가요?
- 내가 어떤 모습을 보였을 때 부모님이 가장 많이 칭찬해 주셨나요?(가짜 자기와 연관이 있을 수 있어요)
- 나의 가짜 자기는 자연스러운 욕구의 행동 사이클 중 어느 단계를 방해하고 있나요?
- 인내의 창에서 벗어나게 됐을 때, 나는 과다각성/과소각성 중 어떤 신체 반응을 보이나요?

×질문×

Q 핵심 신념이 건드려지면 식이장애 증상으로 이어진다는 것은 이해했어요. 이성이 끊어지기 전에 뭔가를 해 볼 새도 없이 바로 먹고 토하는 저를 발견하게 돼요. 왜 머리로 이해했는데 바로 고쳐지지 않는 거죠?

A 폭식, 구토 등 식이장애 증상이 나왔다는 것은 무조건 내가 인내의 창에서 감당할 수 없을 정도의 큰 감정들이 건드려졌다는 뜻이에

요. 그래서 몸은 바로 단 몇 초 만에 이성의 뇌를 꺼 버리고 바로 위협 상황이라 알리는 우리 뇌의 편도체를 거쳐 폭식, 구토와 같은 동물 방어를 하게 돼요. 이것은 머리로 이해했다고 해서 바로 행동으로 수정되지 않아요.

여러분이 어떤 운동을 배울 때 선생님에게 들은 동작에 관한 설명을 머리로 이해했다고 해서 바로 몸으로 연결되지 않는 것과 마찬가지랍니다. 몸으로 그 동작을 계속 연습하면서 익숙해지는 시간이 필요하지요. 증상으로 가지 않기 위해서는 부정적인 핵심 신념이 만들어지게 된 모든 상처들을 피하지 않고 있는 그대로 느끼고 바라볼 수 있는 마음 근력이 생겨야 해요.

그리고 몸에서 그 신념이 사실이 아니라는 것을 받아들일 때까지 여러 마음의 치료 작업들을 머리가 아닌 몸에서 경험해야 합니다. 그 신념이 만들어지기까지 여러분이 기억하는 것뿐 아니라 기억하지 못하는 모든 사건들을 지금 여기에서 계속 재처리하고 통합하는 시간을 가져야 해요. 때문에 머리로 이해했다고 해서 바로 증상이 나아지지 않는 것은 지극히 당연한 것이랍니다.

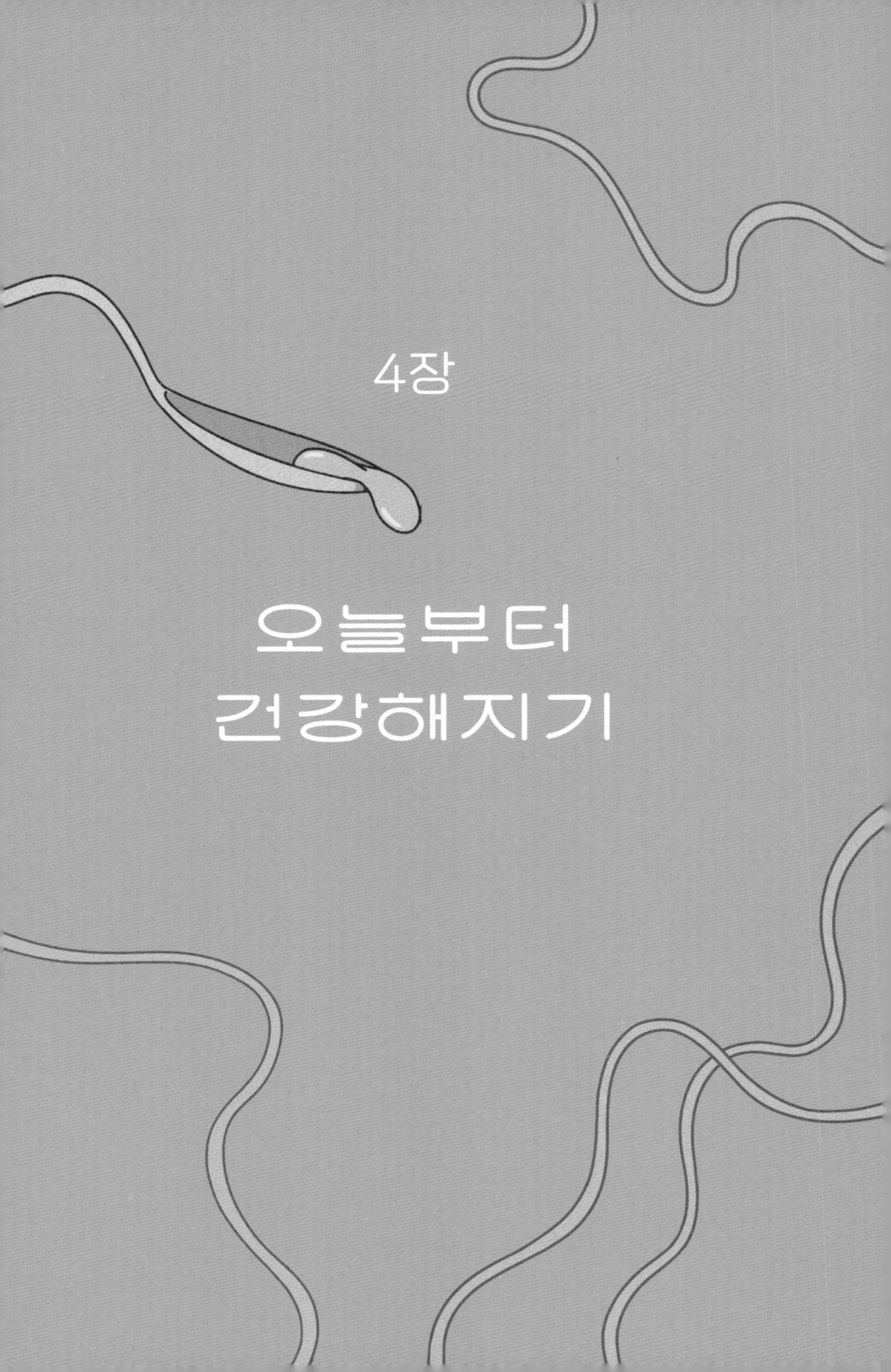

4장

오늘부터 건강해지기

① 내 마음의 중심에 '관찰하는 셀프'를 리더로 데려오기

리더에 따라 집단의 분위기나 운영 방식이 결정되듯이, 여러분의 마음속에도 누가 리더가 되느냐에 따라 내가 느끼는 감각, 감정, 생각이 달라집니다. 내 마음에 다이어트 강박이나 식이장애 증상이 자리 잡고 있다면 온통 칼로리, 음식, 체중, 마른 몸에 대한 생각들로 가득 차 있겠지요. '관찰하는 셀프'는 바로 이런 것들을 다 볼 수 있는 신체 감각을 가진 '마음의 눈'이에요. 여러분이 어떤 재미있는 장소에 난생 처음 가 봤다고 상상해 보세요. 눈으로 아무런 비난이나 편견 없이 '아, 이건 파란색이구나', '여기서는 이런 향기가 나네?', '이런 소리가 들리는 구나', '이건 유리 재질로 만들었네?' 하면서 있는 그대로 보이는 것을 관찰하고 그것을 받아들이지요. 관찰하는 셀프인 마음의 눈도 마찬가지랍니다.

여기서 제일 중요한 포인트는 관찰하는 셀프, 마음의 눈이 신체 내장 감각을 갖고 있다는 거예요. 우리 몸의 내장 감각에서 모든 감정과 생각을 느끼고 언어로 표현할 수 없는 기억까지 저장하고 있거든요. 좋은 향기가 난다는 것도 몸의 감각에서 먼저 느끼고 좋다는 것을 인지하는 것이거든요. 뭐든 우리가 좋고 나쁘다라고 결정할 때는 몸의 감각이 편안한지 불편한지를 살펴보면 정확하게 파악할 수 있어요. 머리로 아무리 괜찮다고 거짓말을 해도 숨이 안 쉬어진다거나 가슴이 답답하다면 그건 정말 괜찮은 것이 아니겠지요.

'나는 부족한 사람이야'라는 부정적인 신념 역시도 내장 반응이 따라옵니다. 그 생각을 하는 순간 그러한 신념들을 이룬 수많은 기억이 몸의 신체 감각으로 나타나요. 온몸이 굳어지고 뱃속이 흘러내리는 듯한 텅 빈 느낌과 슬프고 공허한 감정이 가슴에 시큰하게 느껴지는 것도 하나의 예입니다. 때문에 몸의 감각을 출발점으로 내 마음이 어떤 상태인지 있는 그대로 관찰하는 셀프를 중심에 둬야 나의 내면에서 어떤 일이 일어나고 있는지, 내가 지금 어떤 감정 상태인지, 무슨 일로 힘들어하는지에 대해 식이장애 증상으로 도피하지 않고 정확하게 파악할 수 있어요.

마음의 눈으로 나의 내면을 관찰하는 훈련의 가장 쉽고 빠른 방법은 바로 호흡 관찰하기예요. 호흡은 우리가 생각하는 것 그 이상으로 마음에 따라 변화를 일으켜요. 예를 들어 여러분이 가장 좋아하는 연예인을 학원 가는 길에 마주쳤다고 상상해 보세요. 너무 좋고 놀라서 숨이 멎겠죠. 몸은 이러한 경험에 완전히 몰입하기 위해 호흡을 잠시 멈추는 것이에요. 반대로 제일 친한 친구나 애착 대상인 부모님에게 비난의 말을 들었다고 상상해 보세요. 그럴 때에도 너무 큰 충격을 받아 우리 몸은 호흡을 억제하고 몸을 굳게 만들 거예요. 내가 안정되고 기분이 좋을 때에

는 적당한 리듬으로 호흡을 편안하게 하고 있을 것이고요. 호흡은 이렇게 우리의 감정 상태에 따라 얕은 호흡, 거친 호흡, 멎는 호흡 등 왔다 갔다 하기 때문에 내 마음을 들여다보려면 호흡을 먼저 관찰하는 것도 좋은 방법이랍니다.

자, 이제 가만히 눈을 감고 숨을 들이마시고 내쉬는 것을 관찰하고 느껴 보세요. 늘 식이장애 강박에 끌려다니느라 내가 지금 숨을 어떻게 쉬고 있는지 살필 겨를도 없었을지 몰라요. 숨을 쉬는 것이 편안한지, 숨을 쉴 때 가슴과 심장의 느낌은 어떤지 등 있는 그대로 감각을 느끼고 살펴보세요. 가만히 심호흡에 머물다 보면 어떤 감정이나 생각이 오고 갈 수 있어요. 예를 들어 숨이 잘 안 쉬어지네? 하고 알아차린 순간 가슴이 답답한 것이 느껴지고 거기서 어떤 불안이 느껴질 수 있지요. 이런 것들이 바로 있는 그대로 관찰하는 셀프를 내 마음의 중심, 리더의 자리에 두고 마음을 들여다보는 것이랍니다.

활동1 관찰하는 셀프를 내 마음의 중심에 놓는 작업

❶ 가만히 눈을 감고 내 몸 전체를 관찰해 보세요.

- 호흡은 어떻게 하고 있는지, 숨을 들이마시고 내쉬는 것이 자연스럽게 오고 가고 있는지 살펴보세요. 아니면 숨을 참고 있나요? 숨

을 얕게 쉬고 있나요?

- 머리의 느낌은 어떤가요? 아픈 곳은 없나요?
- 어깨나 목에 긴장감은 없나요?
- 배 쪽의 내장 느낌은 괜찮나요? 울렁거리거나 콕콕 쑤시는 느낌이 드나요?
- 발바닥은 땅에 잘 닿아 있는지 느껴 보세요. 발뒤꿈치의 느낌, 발바닥 아치의 느낌, 발가락 사이사이의 느낌은 어떤지 느껴 보세요.
- 팔과 다리의 느낌은 어떤가요? 근육의 긴장감이 느껴지는지, 뭔가의 떨림이 있는지 관찰해 보세요.

❷ 어딘가 불편한 신체 감각이 느껴진다면 가만히 그곳에 주의를 기울여 보세요. 호기심을 갖고 그 부위에서 어떤 감정이 느껴지는지 가만히 기다려 보세요.

예) 배 쪽에서 뭔가 멀미나는 듯한 울렁거림이 느껴진다면 거기에 가만히 머물러 보세요. 그럴 때 불안이 느껴질 수도 있고, 어떤 외로움이 느껴질 수 있어요.

❸ 느껴지는 불편한 감각과 감정에 머물면서 어떤 생각이 올라오는지도 관찰해 보세요.

그것이 앞장에서 얘기했던 나에 관한 어떤 핵심 신념일 수도 있고, 아니면 다른 누군가에 대한 생각이 떠오를 수도 있어요.

④ 이제 내 마음 안에서 올라오는 것들을 충분히 관찰하고 난 뒤, 몸을 편안하게 바꿔 주는 활동으로 주의를 전환시켜 주세요. 몸의 자세를 바꿔 주고 긴장을 풀어 주는 것만으로도 감정과 생각이 달라질 수 있습니다. 눈을 뜨고 심호흡을 여러 번 해 봐도 좋고, 일어나서 몸을 이리저리 털어 보고 흔들어 봐도 좋습니다.

스트레칭이나 가벼운 산책으로 뭔가에 짓눌려 있던 여러분의 신경계를 편안하게 바꿔 주는 활동들을 시도해 보세요. 이것이 바로 건강한 감정 조절의 중요한 팁입니다. 잘 이해가 안 된다면 지금 한번 스스로에게 실험을 해 보세요. 구부정하게 고개를 숙이고 있을 때 올라오는 감정과 척추와 등을 펴고 꼿꼿이 서서 걸을 때의 감정은 확연하게 차이가 있어요.

몸과 마음이 서로 연결되어 있다는 것을 인지하면서 식이장애 강박이 여러분의 마음 중심, 리더 자리에 오지 않도록 수시로 관찰하는 것을 연습해 보세요!

②

규칙적인 식사로 뇌를 안정화시키기

우리 몸은 살아 있는 유기체이기 때문에 운영하고 활동하기 위해 먹어야 하는 적당한 칼로리가 있습니다. 아무리 의지가 강한 친구들이라도 계속 굶고 절식에 가깝게 먹다 보면 몸에서 못 견디고 신체적 폭식이 나올 수밖에 없지요. 의지로 계속해서 본능을 누르다 보면 배고픔과 배부름을 조절하는 뇌의 시상하부 영역이 불안정해질 수밖에 없습니다. 시상하부의 영역 안에는 식욕만 조절하는 것이 아니라 감정을 조절하는 뇌의 기능도 있기 때문에 함께 뇌가 불안정해지는 것이죠. 먹는 것이 틀어지면 감정적으로 강박, 우울, 불안이 한 세트로 움직이면서 여러분의 마음을 더욱 더 불안정하게 만듭니다. 그렇기에 뇌를 안정화시키기 위해서는 규칙적인 식사를 시간에 맞춰 먹는 것이 매우 중요하답니다. 그것이 감정을 안정화시키는 기초적인 셀프 케어이기도 해요.

첫 번째 식사 원칙: 기계적으로 먹기

뇌를 안정화시키기 위해서는 세끼가 꼬박 꼬박 들어오고 있다는 것을 뇌에서 각인하는 시간이 필요해요. 먹기 싫고 배고픈 느낌이 없어도 세끼를 기계적으로 먹어야 하죠. 식이장애 증상이 심하면 배꼽시계가 고장난 것이나 마찬가지이기 때문에 그 시계를 다시 돌려놓는다고 이해하면 돼요.

두 번째 식사 원칙: 적당한 간격으로 먹기

보통 소화시키는 데 걸리는 시간은 사람마다 다르지만 4시간 정도라고 해요. 식사와 식사 사이의 간격이 너무 멀면 그것 역시도 식욕을 누르는 것이나 다름없기 때문에 적당한 시간 간격으로 세끼를 먹는 것을 추천합니다.

세 번째 식사 원칙: 적당한 양의 칼로리 먹기

적당한 양이라는 것은 칼로리를 계산하면서 먹으라는 것이 아니고, 보통 1인분의 식사량을 말해요. 즉석밥 1공기 분량입니다.

네 번째 식사 원칙: 골고루 먹기

살찐다고 밥은 안 먹고 반찬으로 배를 채우거나 하는 경우, 많지 않나요? 가공되지 않은 복합탄수화물은 우리 몸에서 에너지원으로 쓰이기 때문에 한 끼 식사에 복합탄수화물의 양이 60퍼센트 이상을 차지해야 합니다. 그래야 포만감이 오래 유지가 되어요. 복합탄수화물, 단백질, 무기질, 비타민, 지방 5대 영양소가 골고루 들어간 묵직하고 영양가 있는 식사를 해야 합니다.

이렇게 네 가지 식사 원칙을 지켜서 먹고 있는지 확인해 보고,

여기서 벗어나 있다면 그것이 배고파서 먹는 신체적 폭식인지, 또는 스트레스와 내면의 자극에 의한 정서적 폭식인지를 구분해야 합니다. 여러분의 관찰하는 셀프를 데리고 와서 다음의 자기 모니터링지를 작성해 보세요.

예

날짜/시간	섭취한 음식	섭취한 장소/누구와	폭식	구토	상황, 감정, 사고, 신체 감각
8월 12일 오후 3시	샌드위치	학원 강의실/혼자			저녁에 친구들과 생일 모임이 있으니 오늘 아무것도 먹지 않으려 했지만 너무 배가 고파서 일단 제일 칼로리가 낮은 샌드위치를 먹었다. 억지로 먹으면서도 이따 또 먹어야 하는데 걱정이 된다. 뭔가 불안하고 가슴이 답답하다.
저녁 6시	치킨, 피자, 떡볶이	파티룸/친구들		○	최대한 먹지 않으려고 애를 썼다. 불안하고 숨이 잘 안 쉬어짐. 낮에 샌드위치 먹은 게 있기 때문에 치킨 2조각을 먹은 것도 너무 부담스러웠다. 결국 토함.
8월 13일 오후 6시	빵, 과자, 떡볶이, 밥, 고기	혼자/ 내 방	○	○	나중에 와서 생각해 보니 이 친구들 중 OO가 한 말이 계속 거슬렸다. 나를 무시하는 것 같아서 기분이 안 좋았다. 아랫배 땡김. 결국 폭식! 정말 이런 내가 너무 싫다.

날짜/ 시간	섭취한 음식	섭취한 장소/ 누구와	폭식	구토	상황, 감정, 사고, 신체 감각

③ 식이장애 증상은 마음의 병으로 생긴 감정 조절의 문제

가족 구성원이 여러 명 있는 것처럼 한 사람의 내면에는 정말 다양한 감정과 생각을 가진 가족 구성원들(=파트)이 존재합니다. 내면에 있는 가족 구성원들 간의 갈등, 소통의 부재는 결국 절식, 폭식, 구토와 같은 식이장애 증상을 부추겨요. 그래서 여러분이 식이장애 증상을 고치고 싶다면 제일 먼저 인식의 전환을 해야 합니다. 마음으로 믿어지지 않고 동의가 안 되더라도 일단은 머리로만이라도 식이장애 증상은 다이어트의 문제, 의지 부족의 문제가 아니라 마음의 병으로 생긴 감정 조절의 문제라는 것을 받아들여야 해요.

혹시 여러분 마음속에서 이런 말들을 하고 있나요?

'내일부터 진짜 폭토하지 말아야지! 계획표를 세워 보자!'

'내일부터는 진짜 클린하게 다이어트 식단으로 세끼를 먹어 보자.'

'또 폭식했어! 나는 진짜 의지박약에 구제불능인가보다. 어떻게 스스로가 한 약속을 지키지를 못하지?'

'그냥 안 먹고 안 토하면 되는데 나는 왜 자꾸만 이걸 끊지 못하고 반복할까?'

'갑자기 살이 쪄서 학교에 가면 애들이 날 욕하겠지?'

'마르고 예뻐지면 그래도 지금보다는 삶이 나아지겠지?'

증상이 반복되는데도 다이어트에 대한 환상과 증상이 계속되는 것에 대해 다시 결심하고 또 스스로에 대한 비난을 반복하고 있다면 '아, 내가 식이장애 증상에 완전히 압도되어 있구나'로 받아들이면 됩니다. 식이장애 증상이 갖는 가장 큰 특징 중 하나가 바로 여러분의 내면을 차단시키고 끊어 버리는 것이에요. 식이장애 강박 안에 갇혀 있을 때에는 내 안에서 일어나는 진짜 문제들로 상한 마음들을 잠시 잊어버리게 해 주거든요.

식이장애 강박을 멈추고 한번 찬찬히 나를 들여다보세요. 내가 뭘 먹어야 하는지, 살이 얼마나 쪘는지와 같은 생각들을 계속하다 보면 친구 관계 문제, 가족 문제, 공부 문제 등으로 인한 고민과 힘든 감정들이 느껴지지 않는 놀라운 효과가 있거든요.

여러분도 한번 점검해 보세요. 내가 하루 중 다이어트와 음식, 몸에 대한 생각을 얼마나 많이 하는지를요. 만일 다음의 파이 그

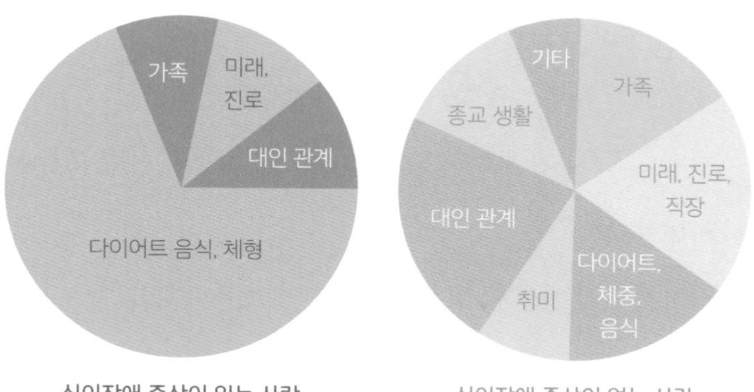

식이장애 증상이 있는 사람　　식이장애 증상이 없는 사람

림과 비슷하다면 현재 내가 어떤 마음의 상처들을 돌보지 않고 회피하고 싶어 하는지 그 주제를 금방 찾을 수 있을 거예요.

내 마음 속 깊은 곳에 질문하기

- 식이장애가 없던 나는 어떤 사람이었나요?
- 나는 왜 특정 음식이 두려워졌을까요?
- 언제부터 음식이 나의 모든 삶을 통제하게 됐을까요?
- 식이장애 증상이 내 삶에서 완전히 사라졌다고 상상해 본다면, 정말 100퍼센트 좋기만 할까요? 내가 증상 이면에서 신경 쓰고 힘들어 하는 삶의 영역은 어떤 것이 있을까요?

④

식이장애 증상이 내 감정에 미치는 영향 (feat. 삼위일체의 뇌)

식이장애 증상이 어떻게 감정 조절에 영향을 주는지 설명해 볼게요.

사례를 보기 전에 여러분이 중요하게 알고 이해해야 할 개념이 있는데요. 바로 우리의 마음이 세 가지 뇌의 영역에서 작동한다는 것을 알아야 합니다. 흔히 마음을 들여다본다고 할 때 생각, 이성을 많이 생각하고 그것이 전부인 것으로 오해할 수 있습니다. 그런데 마음은 생각(이성), 감정, 감각 이렇게 세 가지 영역에서 동시에 일어납니다. 마음을 관찰할 때 내부 감각을 중요하게 봐야 한다는 것은 앞에서 관찰하는 셀프를 설명하면서 말했었죠. 이것을 하나의 뇌 안에 세 가지 다른 뇌가 들어있다고 해서 삼위일체의 뇌 모형이라고 부른답니다. 각각의 기능에 따라 신피질, 포유류 뇌, 파충류 뇌로도 불리죠.

기억이 잘 안 나겠지만 아기 때를 한번 떠올려 보면 모든 정보를 감각으로 만져 보고 먹어 보는 것에 의지하며 이것이 나에게 유쾌한 경험인지 나쁜 경험인지를 판단했을 것입니다. 사람은 모든 뇌 발달이 다 끝난 상태에서 태어나는 것이 아니라 생존과 번식, 호흡, 체온 조절, 균형과 같이 가장 기본적인 본능과 관련된 뇌(파충류 뇌)만 완성됩니다. 그 상태에서 뇌 발달의 모든 영역을 주 양육자와의 관계에 의존한답니다. 특히 자신의 생각을 조리 있게 표현하고 생각할 수 있는 신포유류 뇌는 가장 나중에 발달이 되지요. 10대인 여러분 역시도 아직 뇌 발달이 끝나지 않았습니다. 성인이 되기까지 더 조직화되고 완성된 뇌 발달을 위해서 안 쓰는 시냅스는 다 잘라 버리고 잘 쓰는 세포 시냅스는 훨씬 더 풍부하고 큰 시냅스로 만드는 2차 가지치기가 계속 진행 중인 나이이기 때문이에요. 이와 동시에 공격성이 증가할 수밖에 없는 성 호르몬이 분비되기 때문에 뭔가를 판단하고 결정하고 충동을 조절하는 능력이 일시적으로 떨어져서 조금 더 과격해지고 감정적일 수 있지요. 이런 취약성 때문에 청소년기에는 감정들을 건강하지 못한 방식으로 조절하며 어딘가에 중독되기 쉬운 것입니다. 그래서 내 마음을 들여다볼 때는 인지, 정서, 감각 이렇게 세 가지 영역에서 고루 살펴봐야 합니다.

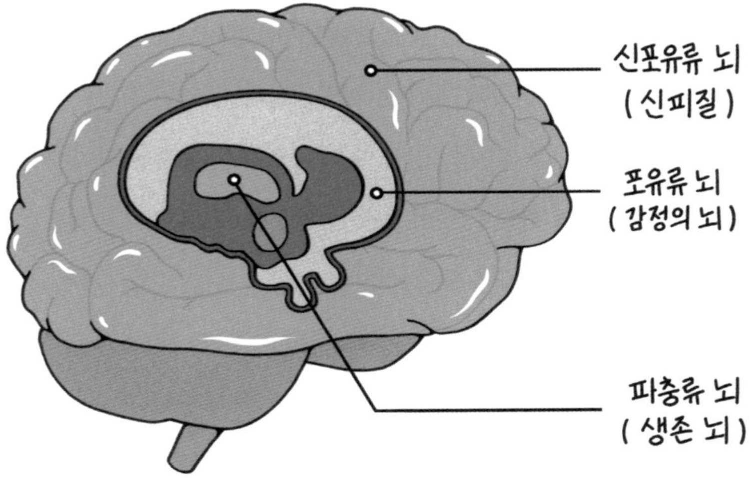

세 가지 뇌의 영역에서 일어나는 정보 처리 방식과 식이장애 증상

- 신포유류 뇌(신피질): 내일은 절대 폭식하지 말자! 다짐하며 다이어리에 식사 계획을 적는다.
- 포유류 뇌(감정의 뇌): 다이어리에 적은지 10분도 안 되서 왠지 모를 답답함과 짜증이 몰려온다.
- 파충류 뇌(생존 뇌): 숨이 안 쉬어지고 심장 박동이 빨라진다. 온 몸에 진동과 전류, 긴장감이 감돌아 나도 모르게 몇 초 만에 냉동실 문을 열어 먹을 것을 다 찾아내고 폭토를 했다.

아마 신피질에서 '내일은 절대 폭식하지 말자'며 증상을 통제하겠다고 다짐했던 그 이면에는 2장과 3장에서 다뤘던 근본적인 마음의 문제들이 깔려 있다고 보면 됩니다. 그러니 견디다 못해 파충류의 뇌에서 인내의 창을 벗어나 압도된 상태가 되어 버린 것이죠. 몇 초 만에 이루어진 폭식과 구토 증상은 나의 압도된 신경계를 진정시키기 위해 사용된 것이랍니다.

이렇게 세 가지 뇌의 차원에서 식이장애 증상이 어떻게 정보를 처리하고 감정을 조절하고 있는지를 알고 있어야 합니다. 증상을 없애기 위해서는 단순하게 '절대 하지 말아야지' 하는 이성의 뇌만 사용해서는 안 된다는 것을 조금은 더 이해했기를 바랍니다.

다음은 삼위일체의 뇌와 관련하여 어떻게 식이장애 증상이 감정 조절에 개입하게 되는지 조금 더 살펴볼 수 있는 활동들이에요.

활동 1 폭식, 구토 등 식이장애 증상과 상관없이 내가 평소 자주 느끼는 몸의 감각과 감정, 생각을 찾아보세요. 막연히 불안하다고 얘기하는 것보다 구체적으로 내가 불안할 때 나의 몸에서는 심장이 쿵쾅거리고 숨이 안 쉬어지고, 그럴 때 안 좋은 생각을 하게 되는구나! 하고 구분을 하는 것만으로도 각성 상태를 안정화시키는 효과가 있습니다

(예시에 없더라도 내가 평소에 자주 느끼는 감정과 감각, 생각을 적어 보세요).

감각	감정	이성
무거운, 무기력한, 축 처진, 멍한, 오싹한, 답답한, 메스꺼운, 저리는, 떨리는, 숨 막히는, 거북한, 꽉 막힌, 화끈거리는, 조이는, 찌릿한, 차가운, 뜨거운, 간질거리는, 역겨운, 텅 빈 느낌, 어지러운, 속이 뒤틀리는, 요동치는, 가벼운, 소름끼치는, 붕 뜨는, 지끈지끈한, 마비된, 상기된, 힘이 없는, 부어 있는, 파르르 떨리는, 타는 듯한, 뻣뻣한, 얼얼한	분노, 적대감, 불안, 두려움, 공포, 고통, 당황, 슬픔, 주눅 든, 짜증난, 씁쓸한, 부끄러운, 공허한, 긴장되는, 실망, 우울, 수치심, 절망감, 무력감, 낙담되는, 좌절감, 외로운, 굴욕적인, 비참한, 혐오스러운, 혼란스러운, 괴로운, 격분한, 무서운	• 아무도 나를 좋아하지 않아. • 내가 너무 바보 같아. • 내 자신이 너무 싫어. • 집이 너무 싫다. • 인간관계가 지겹다.

활동 2 나의 식이장애 증상들은 어떤 방식으로 감정을 조절해 주고 있나요?

- 하고 나면 자괴감은 들지만 일시적으로 편안함과 안정감을 준다. 몸에서 쑥 내려가는 느낌으로 경험함.
- 제대로 먹지 못하니 부모님이 평소에는 안 줬던 과한 사랑과 관심을 내게 보여 준다. 증상을 통해 사랑받는 느낌이 좋다.
- 학업, 친구 관계 등 현실적인 문제들이 생각나지 않아서 편안하다.
- 무기력했던 몸이 조금 기운이 생긴다.

활동 3 식이장애 증상은 내면에서 올라오는 감정과 감각을 차단시켜 주는 연결 고리 역할을 합니다. 식이장애 증상이 여러분이 느끼는 진짜 문제를 단순히 통제 가능한 '다이어트 문제'로 만들어 버리는 것이죠. 이 과정을 표로 정리해 봤어요. 여러분도 예시의 표를 보고 나의 경우도 대입해 보세요.

예

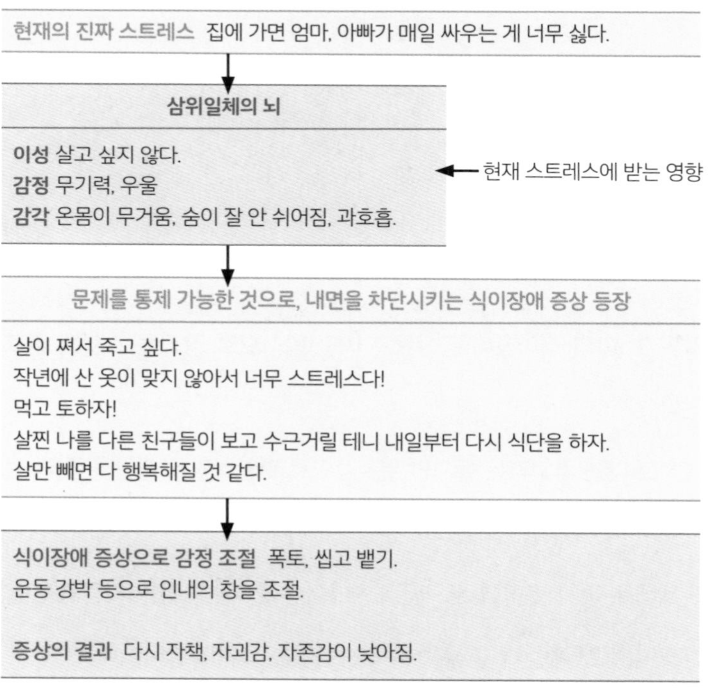

현재의 진짜 스트레스 집에 가면 엄마, 아빠가 매일 싸우는 게 너무 싫다.

↓

삼위일체의 뇌

이성 살고 싶지 않다.
감정 무기력, 우울
감각 온몸이 무거움, 숨이 잘 안 쉬어짐, 과호흡.

← 현재 스트레스에 받는 영향

↓

문제를 통제 가능한 것으로, 내면을 차단시키는 식이장애 증상 등장

살이 쪄서 죽고 싶다.
작년에 산 옷이 맞지 않아서 너무 스트레스다!
먹고 토하자!
살찐 나를 다른 친구들이 보고 수근거릴 테니 내일부터 다시 식단을 하자.
살만 빼면 다 행복해질 것 같다.

↓

식이장애 증상으로 감정 조절 폭토, 씹고 뱉기.
운동 강박 등으로 인내의 창을 조절.

증상의 결과 다시 자책, 자괴감, 자존감이 낮아짐.

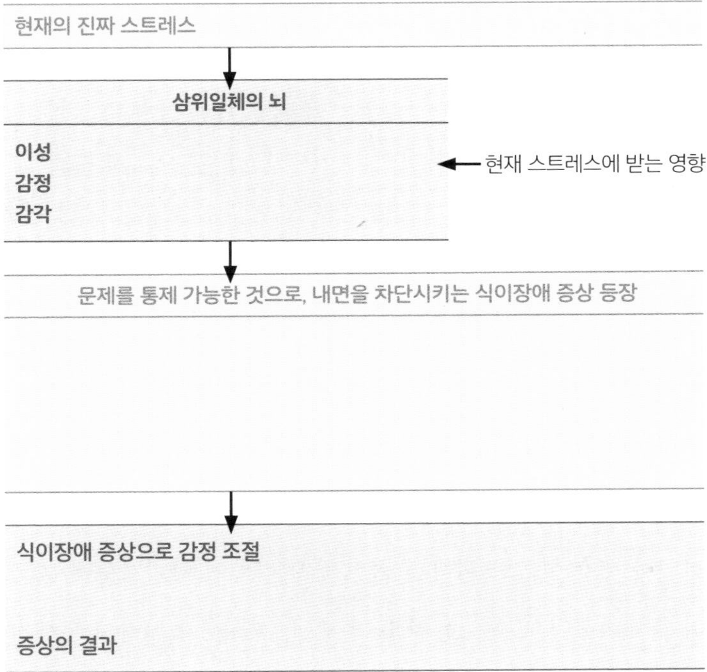
현재의 진짜 스트레스
삼위일체의 뇌
이성
감정
감각
현재 스트레스에 받는 영향
문제를 통제 가능한 것으로, 내면을 차단시키는 식이장애 증상 등장
식이장애 증상으로 감정 조절
증상의 결과

⑤

나의 내면을 들여다보기 : 파트 구별

어린 시절의 다양한 상처로 생긴 너무 고통스럽고 수치스러운 감정들을 도저히 견딜 수 없을 때 사람은 그 감정들로부터 도망가기 위해 자신의 감정, 신체 감각, 경험을 단절할 필요를 느끼게 됩니다. 본능적으로 피하게 되지요. 여러분이 다이어트에 과도하게 매달렸던 것은 그동안 눌러 왔던, 스스로 인식하지 못했지만 내 몸에서는 다 기억하고 있었던 견딜 수 없는 감정들(수치심, 절망, 외로움 등)을 느끼지 않기 위한 보호 수단으로 사용되었던 거예요.

앞에서 계속 이 부분을 강조했죠. 자신의 진짜 감정들을 느끼지 않기 위해 극심한 다이어트와 폭식에 몰두하며 어린 시절의 고통스러운 감정을 그대로 외면해 버리고, 내면에 다이어트, 폭식, 구토라는 다른 파트를 만들어 버립니다. 표면적으로는 마른 것에 대한 집착, 폭식, 구토가 증상이지만 마음 안에는 굉장히 복

잡한 내면의 여러 파트들이 존재합니다.

초등학교 때 소외감을 느낀 아이, 결핍된 사랑에 화가 난 아이, 버려지는 것을 두려워하는 아이 등 스스로가 인지하지 못하는 여러 가지 내면의 상처받은 부분들(파트)은 시간의 흐름에 따라 상처받은 모습 그대로 마음 깊은 곳에 머물러 있답니다.

다음 예시를 보고 나의 내면에는 어떤 것들이 존재하는지, 그 때 올라오는 신체 감각과 감정은 무엇인지에 대해 여러분이 인식할 수 있는 만큼만 적어 보세요. 각 파트들은 신기하게도 각각 독립된 개체처럼 여러분의 마음 안에서 나름의 방식으로 나를 돕는 어떤 역할을 갖고 있답니다(내면의 이름은 일종의 별칭 같은 것이에요. 별칭을 붙이면 마음 안에 들어 있는 다양한 파트들이 객관적으로 구별이 잘 되는 효과가 있어요).

예

내면의 이름	하는 역할	자주 하는 말	역할을 멈췄을 때 두려운 것은?	감각과 감정
사관학교 선생님 (완벽주의 비판자)	• 체중이 늘지 않게 음식과 운동 관리, 학점 관리 (무조건 1등) • 상처받은 부분이 나오지 않도록 보호.	• 너 이거 밖에 못 해? • 좋은 대학만이 살길이야. • 앞으로 좋은 직장을 잡아야 해. • 더 날씬해져야 해! • 열심히 더 공부해!	• 낙오자가 되는 것. • 뚱뚱해져서 사람들이 자신을 싫어하게 되는 것.	• 가슴이 답답해지고 숨이 안 쉬어짐. 알 수 없는 우울감과 외로움.
행복한 돼지 (폭식)	• 모든 고통스러운 감정들을 잊게 해 준다.	• 무조건 더 먹어!	• 상처받은 부분이 나와서 마음을 장악하게 되는 것.	• 머리 쪽에 무감각, 분노와 일시적인 희열.
검은색 그림자 (6살)	• 그냥 숨어 있다.	• 외롭고 힘들어. • 나를 좀 도와줘.	• 비판자가 계속 비난하며 숨어 있으라고 하니 이렇게 평생 외로울까 봐 두렵다.	• 텅 빈 느낌, 위장이 메스꺼움, 외롭고 우울함.
스마일 가면	• 모든 사람들이 좋아할 만한 말과 행동을 한다. 착한 역할.	• 스스로 알아서 해. • 무조건 웃어. • 화내면 안 돼. • 네 욕구를 드러내서는 안 돼.	• 사람들이 나를 싫어하게 될까 봐 두렵다.	• 과호흡, 가슴이 답답함, 어깨에 긴장과 경직. • 외롭고 슬픔.
폭군 (폭식 구토, 자해 등의 분노 표출)	• 부정적 감정을 한꺼번에 폭발.	• 이제 다 필요 없어. • 너무 늦었어. • 어차피 내 편은 없어!	• 계속 비판자와 스마일 가면에게 차단당하는 검은색 그림자가 장악할까 봐 두렵다.	• 목과 얼굴에 열감, 가슴이 찢어지는 느낌. • 분노, 우울.

내면의 이름	하는 역할	자주 하는 말	역할을 멈췄을 때 두려운 것은?	감각과 감정

⑥

건강한 감정 조절의 대안들

감정 조절을 위해 나의 취약함 예방하기

*

덜 먹으면 신체적 폭식이 찾아올 수밖에 없듯이 여러분이 건강하게 감정 조절을 잘하기 위해서는 먼저 나를 잘 돌볼 수 있는 셀프케어(Self-care)가 굉장히 중요합니다. 쉽게 얘기해서 내가 잠을 못 잔 상태인데 절식까지 했다면, 평소에는 그냥 넘어갈 수 있는 일들에 화가 나고 짜증이 나서 쉽게 폭식과 구토로 연결될 수 있다는 거죠. 때문에 건강한 감정 조절의 0단계는 바로 나의 신체적인 조건과 정서적인 부분이 취약한 상태가 되지 않도록 미리 예방하고 돌보는 것이랍니다.

그럼 어떤 면에서 나를 잘 돌봐 줘야 할까요? 다음의 목록을 보고 여러분도 어떤 면에서 지금 나를 돌보지 않고 오로지 식이장애 강박에만 묶여 있는지 체크해 보세요.

- 신체적 돌봄: 내 몸이 원하는 만큼의 충분한 식사하기, 제철 음식 먹기, 인스턴트 음식 덜 먹기, 규칙적인 적당한 운동, 충분한 수면, 과로하지 않기, 수면을 방해하는 카페인 조절하기, 영양제 챙겨 먹기, 아프면 병원 가기
- 정서적 돌봄: 내 감정이 어떤지 수시로 확인하고 관심가지기, 대인관계 참여, 취미 활동 하기, 휴식 시간 갖기, (경계에 대한 문제들) 과도한 부탁은 거절하기, 타인의 감정을 내가 책임지지 않기
- 정신적 돌봄: 자연과 가까이 하기, 명상하기, 기도, 자기계발을 위해 배우기, 감사 일기 쓰기

나에게 도움이 되는 긍정적 자원 찾기

*

폭식, 구토, 씹고 뱉기, 절식과 같은 식이장애 증상을 대체할 수 있는 긍정적인 자원들을 찾아보는 것은 내 감정을 조절하는 데 많은 도움을 줄 수 있습니다. 여러분도 식이장애 증상이 너무 세서 미처 몰랐을 뿐, 아주 잠시라도 뭔가를 했을 때 기분 좋은 감정, 감각, 생각이 들 때가 있었을 거예요. 개인마다 이런 긍정적인 감정을 느낄 수 있는 것들이 무조건 하나씩은 있습니다. 그것들을 이제 보물찾기하듯이 찾아보고 주의를 기울여 보세요. 또

마땅히 생각나는 것이 없다면 여러 가지 시도를 해 보면서 나의 신경계가 어떤 것에 긍정적으로 반응하는지 살펴보는 훈련이 필요합니다. 이런 것들을 긍정적 자원 찾기라고 해요.

아주 찰나이지만 부정적인 생각이 안 들고 마음이 편안할 때를 찾아보는 거죠. 예를 들어 강아지와 산책을 한다거나 동네 뒷산을 오를 때 안 좋은 생각이나 우울한 감정들 대신 긍정적인 감정들이 느껴졌다면, 강아지 산책시키기와 등산하기는 폭식과 구토를 대체할 수 있는 긍정적인 자원이 되는 것이지요.

여기서 중요한 포인트는 '아주 찰나'라도 상관이 없다는 것입니다. 단 1분이라도 괜찮습니다. 폭식과 구토 등의 식이장애 증상이 주는 일시적인 안정감이 너무나 강렬하고 자극적이기 때문에 긍정적인 자원들을 찾았다고 해서 쉽게 이 증상을 대체할 수 있는 것은 아니에요. 실망스러운 이야기로 들릴 수 있겠지만, 아주 찰나라고 해도 우리에게 긍정적인 자원을 찾고 그것을 알아차리는 것은 매우 강력한 힘이 된답니다. 아주 작은 물줄기가 모여서 어느새 양동이가 가득 차는 것처럼 무척 느리지만 조금씩 감정 조절 능력을 키워 주기 때문이에요. 긍정적인 것은 처음에 의식하지 않고 지낼 때에는 잘 모를 수밖에 없지만 조금만 눈을 돌려 내가 어떤 순간에 기분이 좋아지는지 관찰한다면 금방 찾아낼 수도 있어요. 내가 중요한 사람이 아니라는 신념에 괴로워했던 부정적 자극에서 눈을 돌려 자신의 내면을 있는 그대로 관찰하며 들여다봤을 때 긍정적인 자원들을 찾을 수 있습니다.

이렇게 내가 의도적으로 의식하며 내 마음을 들여다보고, 내가 언제 감정적으로 다운되지 않고 기분이 좋아지는지 찾아보는 것 자체가 이미 내 감정을 조절하고 있다는 뜻이에요. 긍정적인 자원 목록을 만들어 의도적으로 계속 해 본다면 아주 미세하더라도 또 다른 신경회로, 즉 폭식과 구토를 대체할 건강한 길이 뇌에 생겨나고 있기 때문입니다.

아주 잠깐이라도 인내의 창 그 중간에서 긍정적인 기분을 느끼게 해 주는 자원들을 찾아보세요.

예

모든 관계 (살아 있는 생명체)	상상 속 인물/ 캐릭터	활동
강아지와 산책 친구들과 수다 고양이와 놀 때	원더우먼 하나님 백설공주	음악 들으며 웹툰 볼 때 발레할 때 춤출 때 등산 쿠션을 껴안고 있을 때 아로마 향을 맡고 있을 때

모든 관계 (살아 있는 생명체)	상상 속 인물/ 캐릭터	활동

안정을 위한 신체 자원 만들기

*

어떤 외부 자극에 의해 또는 나의 내면에서 일어나는 어떤 생각으로 인해 내 몸의 신경계가 인내의 창 밖으로 넘어가게 되는 순간에는 이성으로 참아지는 문제가 아니라고 앞에서 계속 얘기했었죠. 다시 각성이 너무 높아졌거나(분노, 짜증, 불안 등의 감정으로 교감 신경계 과다 상승) 너무 낮아진(우울, 외로움, 무기력 등의 감정으로 부교감 신경계 과다 상승) 내 몸의 신경계를 안정화시키는 신체적인 활동이 필요해요.

다양한 것들이 있지만 여기서는 딱 두 가지만 소개할게요. 여러분은 '마른 몸' 또는 '살찐 몸'으로 보이는 것만이 전부가 아니라, 마음과 기억을 저장하고 있는 나 자체라는 것이 이해가 되었나요? 우리 몸은 뭔가를 담아 둘 수 있는 컨테이너와도 같아요. 내 몸의 피부, 뼈, 근육이 실제로 신체적인 컨테이너가 되어서 감정이 폭발하지 않도록 감정과 각성을 조절해 주죠. 혹시 어릴 때 실수로 오줌을 쌌거나 뭔가를 잘못해서 혼났을 때 나도 모르게 무서워서 커튼 뒤로 숨었다거나 이불로 내 몸을 감싼 경험이 있지 않나요? 커튼이나 이불은 여러분의 불안과 공포 반응을 다정하게 감싸 주는 역할을 했던 것입니다. 어린 나이였지만 무심코 스스로를 진정시키기 위해 그런 도구들을 사용한 거예요. 원리는 똑같아요.

여러분도 두 가지 스텝으로 천천히 같이 따라해 보세요. 피터 레빈(Peter Levine, 트라우마 치료의 대가이자 신체기반 심리치료(Somatic

Experiencing(SE)의 창시자)이 자신의 감정을 스스로 잘 담기 위해 만든 것을 참고해서 적어 봤습니다.

뭔가 내 마음이 인내의 창에서 벗어나 폭토로 갈 것 같은 위험한 상황이라고 몸에서 감지했다면 이 동작을 천천히 반복해 보세요. 신호는 몸에서 느끼는 것이라 했죠? 뭔가 몸이 불편하다 싶으면 감정의 탈출구로 이 동작을 사용해 보는 것입니다.

첫 번째 스텝 눈을 뜨거나 감아도 됩니다. 여러분이 할 수 있는 가장 편안한 자세를 취해 보세요.

누워 있거나 앉아서 해도 됩니다. 한 손은 이마에 얹어 보세요. 누워 있는 경우에는 베개 3개를 한쪽에 놓아서 이마에 손을 얹고 팔은 베개에 얹어 편안히 쉴 수 있게 해 주세요. 다른 손은 가슴에 얹어 보세요.

마치 셀프 허그를 하는 것처럼 각성이 불안정해진 내 몸을 다독여 줍니다. 두 손 사이, 머리와 심장 사이의 몸 안쪽에 주의를 기울여 보세요.

변화를 느낄 때까지 그냥 이 동작을 유지하세요. 천천히 관찰하는 자아를 사용하여 손 사이에서 일어나는 일을 느껴 보세요. 손에서 전류가 흐른다거나 온도의 변화가 느껴질 수 있습니다.

먼저 이마에 있는 손에 주의를 기울여 보세요. 손의 내부와 표면에서 어떤 느낌이 드나요? 예를 들어 손이 긴장되어 있는지, 딱딱한지, 아니

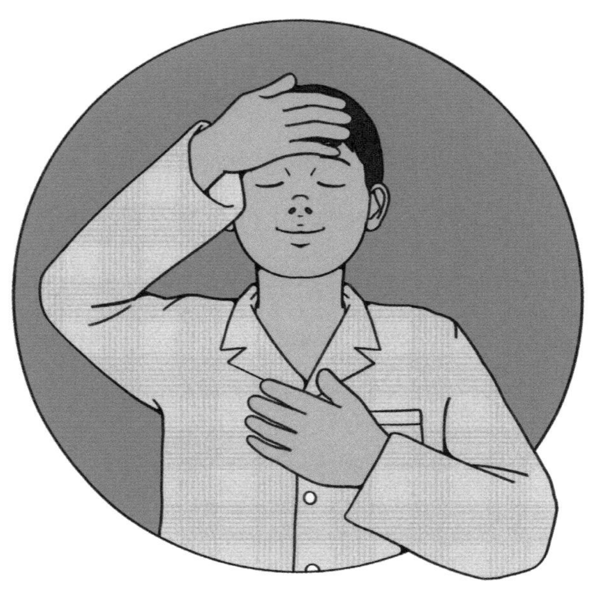

면 따뜻한지, 차가운지 느껴 보세요.

두 번째, 심장에 있는 손은 어떤지 살펴보세요. 심장에 닿은 느낌이 무겁고 긴장되는지, 편안한지 느껴 보세요.

마지막은 몸 안으로 들어가 보세요. 이마에 손이 얹힌 느낌이 어떤가요? 손의 무게가 이마로 느끼기에 무거운가요, 가벼운가요? 감각을 언어로 설명할 수 없더라도 그저 느껴 보면 됩니다.

심장 부위를 느꼈을 때 거기서 어떤 이미지가 떠오를 수도 있고 감정이 느껴질 수도 있어요.

혹시 눈물이 나면 이유를 잘 몰라도 그저 흘려보내고 따뜻한 심장을 느껴 보세요.

두 번째 스텝 이마에 있는 손을 배에 올려놓으세요. 첫 번째 스텝에서 했던 것처럼 반복해 보세요. 손 사이의 느낌, 몸 안 또는 손이 놓인 곳의 감각에 주의를 기울여 보세요. 변화가 있을 때까지 기다려 봅니다. 순서는 상관없어요. 몸, 손 안, 손의 느낌으로 가도 괜찮습니다.

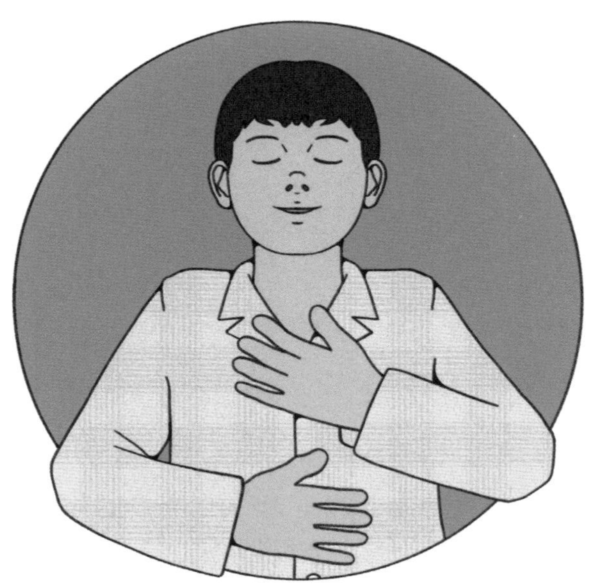

+생각해 보기+

- 나의 내면에서 일어나는 심리적 어려움이 내 몸에서 어떻게 경험되고 있는지 알고 있나요?
- 마음이 힘들 때마다 식이장애 증상을 감정 조절의 수단으로 사용하게 되면 증상이 늘어날 수밖에 없다는 것을 이해하고 있나요?
- 4장에서 제시한 나의 내면을 돌보기 위한 방법 중에서 잘 되는 것과 잘 되지 않는 것은 무엇인가요?

×질문×

Q 저는 건강한 감정 조절 대신 아직 폭식, 구토하는 것이 더 좋은 것 같아요. 자꾸 굶다가 몰아서 먹고 토하게 되네요. 어떻게 해야 하나요?

A 우리가 머리로 어떤 것이 좋은지 알아도 내 몸에서 익숙하고 편안 것을 더 선호하듯이 식이장애 증상도 마찬가지예요. 강박적인 운동 말고 정말 나를 위한 운동을 예로 들어 볼게요. 운동이 우리 몸에 얼마나 좋은지 알아도 그것을 정말 즐기고 습관으로 가져가려면 오랜 시간이 걸리잖아요? 내 몸은 눕는 게 편안하고 익숙하기 때문이죠. 그렇기에 아직은 연어가 강물을 거슬러 올라가야 하는 것과 마찬

가지로 건강한 감정 조절이 불편하고 익숙하지 않아서 힘들 수 있어요. 그 즉시 손쉽게 효과를 볼 수 있는 폭식과 구토가 더 짜릿하고 빠른 효과를 가져다주기 때문이에요. 그렇기에 아주 조금씩 연습해 보세요.

식이장애 치료에서 1단계는 식이장애 증상을 마음의 문제로 연결시키는 것이 중요하지요. 2단계는 식이장애를 이성으로 이해하고 왜 증상이 나타나는지 마음까지 관찰할 수 있으면서도 계속 증상으로 도피하는 단계라면, 마지막 3단계는 마음으로 하고 싶어도 그 충동이 참아지는 단계라고 보면 됩니다. 물론 이 3단계가 개인에 따라 기간 차이는 있겠지만 올바른 방식으로 치료를 한다면 분명히 가능하답니다.

• **한국판 청소년용 식이 태도 검사(EAT-26KA)**입니다. 20점 이상이면 식이장애로 의심해 볼 수 있습니다.

전혀 아니다 - 0점 | 거의 아니다 - 0점 | 가끔 그렇다 - 0점

자주 그렇다 - 1점 | 거의 그렇다 - 2점 | 항상 그렇다 - 3점

1	살이 찌는 것이 두렵다.	
2	배가 고파도 식사를 하지 않는다.	
3	나는 음식에 집착하고 있다.	
4	억제할 수 없이 폭식을 한 적이 있다.	
5	음식을 작은 조각으로 나누어 먹는다.	
6	내가 먹고 있는 음식의 영양분과 열량을 알고 있다.	
7	빵이나 감자 같은 탄수화물이 많은 음식은 특히 피한다.	
8	내가 음식을 많이 먹으면 다른 사람들이 좋아하는 것 같다.	
9	먹고 난 다음 토한다.	
10	먹고 난 다음 심한 죄책감을 느낀다.	
11	좀 더 날씬해져야겠다는 생각을 떨쳐 버릴 수가 없다.	
12	운동을 할 때 운동으로 인해 없어진 열량에 대해 계산하거나 생각한다.	
13	남들이 내가 너무 말랐다고 생각한다.	

14	내가 살이 쪘다는 생각을 떨쳐 버릴 수가 없다.	
15	식사 시간이 다른 사람보다 길다.	
16	설탕이 든 음식은 피한다.	
17	체중 조절을 위해 다이어트용 음식을 먹는다.	
18	음식이 나의 인생을 지배한다는 생각이 든다.	
19	음식에 대한 나의 조절 능력을 과신한다.	
20	다른 사람이 나에게 음식을 먹도록 강요하는 것 같이 느껴진다.	
21	음식에 대해 많은 시간과 정력을 투자한다.	
22	단 음식을 먹고 나면 마음이 편치 않다.	
23	체중을 줄이기 위해 운동이나 다른 것을 하고 있다.	
24	위가 비어 있는 느낌이다.	
25	새로운 기름진 음식 먹기를 즐긴다.	
26	식사 후에 토하고 싶은 충동을 느낀다.	
총합		

알고십대 07

내가 먹지 않는 이유는요

프로아나부터 폭식증까지, 청소년 식이장애에 대한 모든 것

초판 1쇄 인쇄 2024년 11월 25일
초판 1쇄 발행 2024년 12월 6일

지은이 박지현
그린이 최혜령

펴낸이 홍석
이사 홍성우
인문편집부장 박월
책임편집 박주혜
편집 조준태
디자인 신병근 · 조금상
마케팅 이송희 · 김민경
제작 홍보람
관리 최우리 · 정원경 · 조영행

펴낸곳 도서출판 풀빛
등록 1979년 3월 6일 제2021-000055호
주소 07547 서울시 강서구 양천로 583, 우림블루나인 A동 21층 2110호
전화 02-363-5995(영업), 02-364-0844(편집)
팩스 070-4275-0445
홈페이지 www.pulbit.co.kr
전자우편 inmun@pulbit.co.kr

ISBN 979-11-6172-978-7 44190
979-11-6172-842-1(세트)

• 책값은 뒤표지에 표시되어 있습니다.
• 파본이나 잘못된 책은 구입하신 곳에서 바꿔드립니다.